HEYNE
BÜCHER

Natalija Geworkjan/Andrei Kolesnikow/
Natalja Timakowa

AUS ERSTER HAND

Gespräche mit Wladimir Putin

Aus dem Russischen von Eva Henkensiefken

WILHELM HEYNE VERLAG
MÜNCHEN

HEYNE SACHBUCH
19/753

Titel der russischen Originalausgabe:
ОТ ПЕРВОГО ЛИЦА

Erschienen 2000 bei SAO Verlag »Vagrius«, Moskau

Umwelthinweis:
Dieses Buch wurde auf chlor-
und säurefreiem Papier gedruckt.

Deutsche Erstausgabe 05/2000

http://www.heyne.de
Printed in Germany 2000
Umschlagillustration: Bilderdienst Süddeutscher Verlag GmbH,
München/Dmitrij Asarov
Umschlaggestaltung: Hauptmann und Kampa
Werbeagentur, CH-Zug
Innenbilder: ITAR-TASS, Verlag »Kommersant«,
F. Wiljagry, A. Koroljowa, P. Smertina, J. Fekistowa,
H. Hollinger, Familienarchiv Putin
Satz: Gramma GmbH, München
Druck und Verarbeitung: Presse-Druck, Augsburg

ISBN 3-453-18105-0

Inhalt

Statt eines Vorworts

Wir haben sechs Mal mit Wladimir Putin gesprochen, jeweils einige Stunden. Sowohl er als auch wir waren geduldig und tolerant. Er, wenn wir unbequeme Fragen stellten oder ihm schlichtweg zu nahe kamen. Wir, wenn er zu spät kam oder uns darum bat, das Diktiergerät auszuschalten: »Das ist jetzt sehr persönlich...«

Er kam in Hemdsärmeln, aber immer mit Krawatte. Meistens dauerten die Gespräche bis in die Nacht hinein. Und nur einmal trafen wir uns in seinem Büro im Kreml.

Uns interessierte im Wesentlichen dieselbe Frage, die die amerikanische Journalistin Trudy Rubin im Januar auf dem Weltwirtschaftsgipfel in Davos stellte: »Wer ist Herr Putin?« Sie richtete ihre Frage an namhafte russische Politiker und Geschäftsleute. Statt einer Antwort kam meist erst einmal ein langes Schweigen.

Uns schien sich dieses Schweigen endlos hinzuziehen. Aber die Frage war doch berechtigt.

Wir sprachen mit Putin selbst. Über das Leben, hauptsächlich über sein Leben. Wir unterhielten uns, wie in Russland so üblich, nicht gerade in der Küche, aber immerhin am gedeckten Tisch. Manchmal kam er erschöpft an, seine Augen waren müde, aber nie wurde das Gespräch auf seinen Wunsch hin abgebrochen. Nur einmal, als es schon nach Mitternacht war, fragte er: »Und jetzt? Haben Sie alles gefragt oder sollen wir noch weiter plaudern?«

Es kam vor, dass es lange still blieb, wenn Putin über eine Frage nachdachte, aber dann antwortete er schließlich doch.

So schwieg er lange auf die Frage, ob man ihn verraten habe, und entschloss sich schließlich, wenigstens mit »nein« zu antworten und nach einer Weile hinterherzusetzen: »Meine Freunde haben mich nicht verraten.«

Wir versuchten, Freunde von Putin aufzuspüren. Menschen, die ihn gut kennen, oder solche, die sein Leben entscheidend beeinflussten. Und schließlich fuhren wir auf die Datscha, wo wir die weibliche Mehrheit seiner Familie antrafen: seine Frau Ljudmila, die beiden Töchter Mascha und Katja und die Pudeldame Toska.

Wir haben nichts hinzugefügt, in diesem Buch ist nicht eine Zeile aus der Feder der Autoren mit Ausnahme unserer Fragen. Und wenn Putin oder seine Freunde Erinnerungen oder Gedanken nachhingen, dann versuchten wir nicht zu unterbrechen. Deshalb ist die Form des Buches vielleicht etwas ungewöhnlich – es besteht ausschließlich aus Interviews und Geschichten.

Alle unsere Gespräche sind in diesem Buch festgehalten. Wir glauben nicht, dass die Frage »Wer ist Herr Putin?« damit beantwortet ist. Aber wir sind davon überzeugt, dass wir Putin näher gekommen sind.

Natalija Geworkjan
Natalja Timakowa
Andrei Kolesnikow

Eigentlich führe ich ein sehr einfaches Leben, da gibt es keine Geheimnisse.

Ich habe die Schule abgeschlossen und ging auf die Universität.

Nach meinem Abschluss ging ich zum KGB.

Nach dem KGB wieder auf die Universität.

Von der Universität zu Sobtschak.

Von Sobtschak nach Moskau in die Geschäftsleitung.

Dann zur Administration des Präsidenten.

Dann zum FSB (*Anm. der Red.:* Föderaler Sicherheitsdienst).

Dann wurde ich zum Premier ernannt.

Und danach zum Stellvertretenden Präsidenten. Das war's!

Und gab es noch irgendwelche Details?

Ja, schon...

Der Sohn

»Meine Eltern erzählten nichts über ihr Leben«

Über die Heimat meines Vaters weiß ich mehr als über die meiner Mutter. Mein Großvater wurde in Petersburg geboren und arbeitete als Koch. Einfachste Familienverhältnisse. Er war eben Koch. Aber offensichtlich war er gut, denn nach dem Ersten Weltkrieg wurde er im Bergland um Moskau eingestellt, wo Lenin und die ganze Familie Uljanow wohnte. Als Lenin starb, wurde mein Großvater auf eine der Datschen Stalins versetzt, wo er lange Zeit arbeitete.

Wurde er später nicht unterdrückt?

Aus irgendeinem Grund nicht. Kaum einer von denen, die sich ständig in Stalins Umfeld befunden hatten, ist davongekommen. Mein Großvater aber blieb verschont. Und Stalin hat er auch überlebt. Gegen Ende seines Lebens, als er schon pensioniert war, lebte und kochte er in einem Erholungsheim des Moskauer Stadtkomitees der Partei in Iljinskoje.

Haben Ihre Eltern Ihnen vom Großvater erzählt?

Ich erinnere mich selbst noch gut an Iljinskoje, weil ich manchmal zu ihm fuhr. Aber er schwieg über sein Leben. Und die Eltern haben mir auch fast nichts erzählt. Das war irgendwie nicht üblich. Aber es kam ab und zu einer aus der Verwandtschaft zu Besuch und man unterhielt sich... Es sind nur Bruchstücke, Fragmente. Mit mir haben die Eltern nie über sich gesprochen, vor allem der Vater nicht.

Aber immerhin – Bruchstücke, Fragmente?

Ich weiß, dass mein Vater 1911 in Sankt Petersburg geboren wurde. Als der Erste Weltkrieg begann, wurde das Leben dort immer schwerer und wegen der großen Hungersnot zogen seine Eltern mit der ganzen Familie nach Pominowo, ein kleines Dorf im Gebiet Twer. Das ist die Heimat meiner Großmutter. Das Haus, in dem sie wohnten, steht immer noch und unsere Familie fährt dorthin, um Urlaub zu machen. Dort in Pominowo lernte mein Vater meine Mutter kennen. Sie heirateten, als sie beide 17 Jahre alt waren.

Hatten sie dazu einen Grund?

Eigentlich nicht. Wozu muss es denn einen Grund geben? Es geschah hauptsächlich aus Liebe. Bald darauf musste mein Vater zur Armee. Vielleicht wollten sie sich einander versichern... Ich weiß es nicht.

Wera Dmitrijewna Gurewitsch

Klassenlehrerin von Wladimir Putin von der 4. bis 8. Klasse an der Schule Nr. 193

Seine Eltern hatten ein sehr schweres Schicksal. Stellen Sie sich vor, wie viel Mut seine Mutter zusammennehmen mußte, um Wolodja (*Anm. der Red.:* Kurzform von Wladimir) im Alter von 41 Jahren zur Welt zu bringen. Er war ein spätgeborenes Kind. Sein Vater sagte mir einmal: »Einer unserer Söhne könnte schon so alt wie Sie sein.« Offenbar hatten sie ihn im Krieg verloren. Aber ich traute mich nicht, weitere Fragen zu stellen.

Im Jahre 1932 kamen die Eltern nach Leningrad. Sie lebten in einem Vorort, in Peterhof. Mutter ging ihrer Arbeit in einer Fabrik nach, Vater wurde bald darauf von der Armee eingezogen und diente in der U-Boot-Flotte. Nach seiner Rückkehr wurden im Abstand von einem Jahr zwei Söhne geboren. Einer davon starb wenige Monate nach der Geburt.

Als der Krieg begann, ging Ihr Vater sofort an die Front. Er war auf einem U-Boot stationiert. Er hatte ja erst kurze Zeit vorher bei der Armee gedient.

Ja, er ging an die Front, als Freiwilliger.

Und Ihre Mutter?

Meine Mutter lehnte es hartnäckig ab, wegzugehen. Sie blieb zu Hause, in Peterhof. Als es dort zu schwer wurde, nahm sie mein Onkel, ein Marineoffizier, mit nach Petersburg. Er diente im Flottenstab, und der ganze Stab hatte sich im Smolny (*Anm. d. Red.:* Kloster) eingerichtet. Ihr Bruder kam und holte sie und das Kind heraus, während der Ort beschossen wurde.

Und Ihr Großvater, der Koch? Konnte er Ihren Eltern nicht helfen?

Nein, damals setzte sich, wie Sie wissen, niemand für andere ein. Ich glaube, das war unter den damaligen Umständen einfach unmöglich. Mein Großvater hatte viele Kinder. Alle seine Söhne waren an der Front. Nicht alle sind aus dem Krieg zurückgekehrt.

Wohin wurde Ihre Mutter mit ihrem Sohn aus dem belagerten Peterhof gebracht? In das belagerte Leningrad?

Wo sollte man sonst hin? Meine Mutter erzählte, dass man in Leningrad für Kinder so etwas wie Kinderhäuser eingerichtet hatte. Man versuchte, ihr Leben zu retten. In einem solchen Kinderhaus erkrankte ihr zweiter Sohn an Diphterie und starb ebenfalls.

Wie hat sie selbst überlebt?

Ihr Bruder hat ihr geholfen. Er päppelte sie mit seiner Essensration wieder auf. Als ihr Bruder für eine Zeit versetzt wurde, da befand sie sich wirklich mit einem Bein im Grab. Und das ist nicht übertrieben: Eines Tages wurde Mutter vor Hunger bewusstlos und weil man annahm, sie sei tot, legte man sie doch tatsächlich zu den Verstorbenen. Zum Glück kam Mama rechtzeitig wieder zu Bewusstsein und fing an zu stöhnen. Es ist überhaupt ein Wunder, dass sie am Leben blieb. Die ganze Blockade machte sie in Leningrad mit. Sie wurde weggebracht, als die Gefahr nicht mehr so groß war.

Und wo war Ihr Vater?

Mein Vater war zu der Zeit im Krieg. Sie versetzten ihn zu einer speziellen Einheit beim Volkskommissariat für Innere Angelegenheiten (NKVD). Diese Bataillone übten Ablenkungsangriffe im Rücken der deutschen Armee aus. Selbstverständlich nahm mein Vater auch an einer solchen Operation teil. In der Truppe befanden sich 28 Leute. Sie wurden bei Kingisepp abgesetzt, schauten sich um, richteten sich im Wald ein und schafften es sogar, ein Munitionslager in die Luft zu jagen. Aber dann gingen die Lebensmittel zur Neige. Sie haben mit den Einheimischen, den Esten, Kontakt aufgenommen, die brachten ihnen etwas zu essen – und übergaben sie dann den Deutschen.

Es gab kaum eine Chance zu überleben. Die Deutschen belagerten sie von allen Seiten und nur einigen, darunter auch mein Vater, gelang es, zu entkommen. Dann begann die Verfolgung. Der restliche Trupp ging an die Front. Auf dem Weg dorthin konnten sich noch ein paar Mann verziehen. Mein Vater versteckte sich bis zum Kopf im Sumpf und atmete durch ein Schilfröhrchen, bis die Hunde, mit denen sie ihn verfolgten, vorbeigerannt waren. So konnte er sich retten. Von den 28 Mann kehrten nur vier zurück.

Fand er seine Frau wieder? Haben sie sich getroffen?

Leider nicht, er hat es nicht geschafft. Sie schickten ihn sofort zur Einsatzarmee. Und wieder befand er sich am unglücklichsten Ort, an einer Landzunge an der Newa, und zwar am linken Ufer des Flusses, wenn man mit dem Rücken zum Ladoga-See steht. Die deutschen Truppen nahmen dort damals alles ein, außer einem kleinen Brückenkopf. Und unsere hielten ihn die ganze Belagerung über, damit er, wenn erst der Durchbruch an der Newa stattfinden würde, eine ganz besondere Rolle spielen würde. Die Deutschen versuchten die ganze Zeit, ihn einzunehmen. Die Zahl der Bomben, mit denen jeder Quadratmeter beschossen wurde, ist – selbst mit den Maßstäben dieses Krieges gemessen – gigantisch. Es war ein unbeschreibliches Gemetzel. Aber der Brückenkopf hat tatsächlich eine besondere Rolle gespielt.

Meinen Sie nicht auch, dass für dieses Fleckchen Erde ein zu hoher Preis gezahlt wurde?

Ich glaube, dass im Krieg immer viele Fehler gemacht werden. Das lässt sich nicht vermeiden. Aber wenn man Krieg führt und darüber nachdenkt, dass um einen herum alle Fehler machen, dann wird man niemals siegen. Man muss dazu eine pragmatische Einstellung gewinnen. Und man muss den Sieg im Kopf haben. Damals hatten sie den Sieg im Kopf.

Mein Vater wurde an diesem Schauplatz schwer verwundet. Er sollte mit einem anderen Soldaten zusammen einen Gefangenen machen. Sie krochen zum Unterstand und richteten sich gerade darauf ein zu warten, als von dort unerwartet ein Deutscher daherkam. Beide waren völlig verdutzt. Der Deutsche fasste sich, nahm eine Granate, schleuderte sie auf sie und ging ruhig weiter. So einfach ist das Leben.

Woher wissen Sie das alles? Sie haben doch gesagt, dass Ihre Eltern nicht viel von sich erzählt haben.

Das war eine Geschichte, die mein Vater mir selbst erzählte. Der Deutsche war wohl sicher, dass er sie erwischt hatte. Aber mein Vater überlebte, auch wenn seine Beine von Granatsplittern zerfetzt waren. Unsere Soldaten schleppten ihn einige Stunden später von dort weg.

An die vorderste Frontlinie?

Ganz richtig. Das nächste Krankenhaus befand sich in der Stadt, und um dorthin zu kommen, musste man ihn über das Eis der Newa schleppen.

Alle wussten, dass das Selbstmord war, denn dort wurde jeder Zentimeter beschossen. Nicht ein einziger Kommandant hätte den Befehl erteilt, ihn ins Hospital zu bringen. Und Freiwillige meldeten sich auch nicht. Mein Vater hatte zu der Zeit so viel Blut verloren, dass eines klar war: Er würde sterben, wenn sie ihn zurückließen.

Da kam völlig unerwartet ein Soldat vorbei, der ehemalige Nachbar meines Vaters. Er erkannte sofort die Situation, packte meinen Vater ohne viel Worte auf die Schulter und schleppte ihn ans andere Ufer. Sie waren eine ideale Zielscheibe und kamen trotzdem lebend dort an. Der Nachbar schleppte meinen Vater bis zum Hospital, verabschiedete sich und kehrte zu seinem Trupp zurück. Er sagte nur, dass sie sich sicher nicht wiedersehen würden. Er hatte offensichtlich keine Hoffnung, auf diesem Stück Erde zu überleben, und dachte, mein Vater hätte auch keine großen Chancen.

Hatte er recht?

Zum Glück nicht. Mein Vater kam wieder auf die Beine. Er verbrachte mehrere Monate im Hospital. Dort machte ihn meine Mutter ausfindig. Sie besuchte ihn jeden Tag. Was heißt »besuchte ihn«. Sie war selbst halbtot. Mein Vater sah, in welchem Zustand sie war, und ohne dass die Schwester es merkte, gab er ihr sein Essen. Natürlich haben sie Mama und meinen Vater bald erwischt. Die Ärzte wurden aufmerksam, als Vater vor Hunger das Bewusstsein verlor. Als man den Grund dafür entdeckte, bekam er einen strengen Verweis und man ließ meine Mutter für einige Zeit nicht mehr zu meinem Vater. Am Ende haben beide überlebt. Mein Vater hinkte allerdings nach dieser Verwundung sein ganzes Leben lang.

Und der Nachbar?

Auch der Nachbar hat überlebt! Nach der Belagerung ging er in eine andere Stadt. Er und mein Vater haben sich zwanzig Jahre lang von Zeit zu Zeit in Leningrad getroffen. Stellen Sie sich das vor!

»Es war das höchste der Gefühle«

Wera Dmitrijewna Gurewitsch

Die Mutter von Wolodja war ein sehr gutmütiger Mensch mit einem großen Herzen, stets hilfsbereit, die Güte selbst. Hauptsache, Wolodja war satt und vollgefüttert. Aber oft kochte zu Hause auch der Vater. Er konnte hervorragend Sülze zubereiten. Bis heute erinnern wir uns an seine Sülze. Keiner konnte das so wie er.

Die Mutter war eine einfache Frau. Ich weiß nicht, ob sie die fünfte Klasse abgeschlossen hat. Sie hat ihr ganzes Leben nur gearbeitet. Als Hausmeisterin, und nachts nahm sie Waren in der Bäckerei an, und im Labor hat sie Reagenzgläser gespült. Ich glaube, sie war sogar mal beim Wachpersonal eines Kommissionsladens.

Der Vater arbeitete als Werkmeister in einer Fabrik. Er war sehr beliebt und geschätzt, er schuftete dort so viel, wie eben nötig war. Leider hat man ihn lange Zeit nicht zum Invaliden erklärt, obwohl er seit dem Krieg ein schwer verletztes Bein hatte.

Nach dem Krieg wurde mein Vater aus dem Militärdienst entlassen und er arbeitete als Werkmeister in der Jegorow-Waggonfabrik. In jedem Waggon der Metro gibt es ein Schild, auf dem steht, dass dieser Waggon, Nummer sowieso, in der Jegorow-Waggonfabrik gebaut wurde.

Als Werksangehöriger bekam er sofort ein Zimmer in einer Gemeinschaftswohnung, in einem einfachen Petersburger Haus, in der Baskowygasse, das liegt im

Zentrum. Der Hof wie ein Schacht, die Wohnung im fünften Stock ohne Lift.

Vor dem Krieg besaßen meine Eltern eine Häuserhälfte in Peterhof. Sie waren sehr stolz auf den Lebensstandard, den sie damals erreicht hatten. Doch was war das nun für ein Leben! Aber für sie war es jedenfalls das höchste der Gefühle.

Wera Dmitrijewna Gurewitsch

Sie hatten einen furchtbar hässlichen Eingangsbereich. Eine Gemeinschaftswohnung eben. Ohne jeglichen Komfort. Kein Warmwasser, kein Bad. Eine fürchterliche Toilette. Sie war sozusagen direkt in den Treppenabsatz eingebaut. Eiskalt und grässlich. An der Treppe befand sich ein Metallgeländer. Es war gefährlich, sich daran festzuhalten, denn es war an vielen Stellen gebrochen.

Dort, auf dieser Treppe, habe ich ein für allemal begriffen, was die Redewendung »in die Enge treiben« bedeutet. Im Aufgang hausten Ratten. Meine Freunde und ich jagten sie immer mit Stöcken. Einmal entdeckte ich eine riesige Ratte und begann mit der Verfolgung, bis ich sie in die Ecke getrieben hatte. Nun konnte sie nicht mehr entkommen. Da bäumte sie sich plötzlich auf und ging auf mich los. Das geschah völlig unerwartet und ich war einen kurzen Moment geschockt. Jetzt hatte sie den Spieß umgedreht und jagte mich! Sie sprang über die Treppenstufen nach unten. Ich war aber doch schneller und schlug ihr die Tür vor der Nase zu.

Wera Dmitrijewna Gurewitsch

In der Wohnung gab es keine richtige Küche. Nur einen quadratischen dunklen Flur ohne Fenster. Auf der einen Seite stand der Gasherd, auf der anderen ein Spülstein. Und man konnte sich kaum einen Weg durchbahnen.

Und hinter dieser sogenannten Küche wohnten die Nachbarn. Später haben sie dann mit irgendjemandem getauscht und es zogen andere Leute ein, eine dreiköpfige Familie. Den anderen Nachbarn, einem älteren Ehepaar, teilte man später eine eigene Wohnung zu, weil ihr Zimmer als Wohnung ungeeignet war. Und dort richtete man eine richtige Küche ein, eine schöne, helle. Sie hatten dort einen großen Geschirrschrank stehen.

Aber die Wohnung war und blieb eine Gemeinschaftswohnung. Die Putins selbst bewohnten ein Zimmer, für damalige Verhältnisse ganz ordentlich, etwa 20 Quadratmeter groß.

In einem der Zimmer unserer Gemeinschaftswohnung wohnte eine jüdische Familie: Großvater, Großmutter und ihre Tochter Chawa. Sie war schon eine erwachsene Frau, aber die Leute sagten über sie, dass sie im Leben kein Glück gehabt hätte. Sie hatte keinen Mann gefunden und lebte bei den Eltern.

Ihr Vater war Schneider, nähte Tag für Tag auf seiner Nähmaschine und kam mir steinalt vor. Es waren typische Juden – am Sabbat arbeiteten sie nicht und der Großvater leierte von morgens bis abends immer in derselben Reihenfolge den Talmud herunter: bu-bu-bu... Ich war neugierig und fragte ihn, was er da vor sich hinbrummte. Er erklärte mir, um was für ein Buch es sich handelte, aber das langweilte mich sofort.

Wie immer in der Küche einer Gemeinschaftswohnung gab es unweigerlich Streitereien. Ich wollte irgendwie meine Eltern immer beschützen und mich für sie einsetzen. Man muss dazu sagen, dass ich zu den alten Leutchen ein sehr gutes Verhältnis hatte. Sie liebten mich, und ich spielte oft in ihrem Teil unserer gemeinsamen Wohnung.

Und eines Tages beschloss ich mich einzumischen. Die Reaktion meiner Eltern kam absolut unerwartet und war mir völlig unverständlich. Sie hatten sich schrecklich aufgeregt. Das war für mich ein totaler Schock. Ich verteidigte die beiden und da sagten sie zu mir: »Misch dich nicht ein!« Warum? Das konnte ich überhaupt nicht begreifen. Meine Eltern glaubten, dass mein gutes Verhältnis zu den alten Leutchen und ihre Zuneigung zu mir weitaus wichtiger wären als dieses läppische Herumgezanke in der Küche.

Danach habe ich mich nie wieder in einen Küchenstreit eingemischt. Wenn jemand anfing zu meckern, ging ich entweder zu uns oder zu den alten Leutchen. Mir war ganz egal wohin.

In unserer Wohnung lebten auch Pensionäre, allerdings nicht lange. Sie hatten irgendwie mit meiner Taufe zu tun. Unsere Nachbarin, Oma Anja, war ein frommer Mensch. Sie ging zur Kirche, und als ich geboren wurde, tauften sie und meine Mutter mich und verheimlichten dies vor meinem Vater, der Parteimitglied und Sekretär der Parteiorganisation der Fabrik war.

Erst vor wenigen Jahren, 1993, als ich schon beim Lensowjet (*Anm. der Red.:* Stadtrat von Leningrad) beschäftigt war, fuhr ich mit einer offiziellen Delegation nach Israel. Und meine Mutter gab mir mein Taufkreuz, damit ich es weihen lassen solle. Ich erfüllte ihr diese Bitte, hängte mir das Kreuz um den Hals und nahm es seither nicht wieder ab.

Der Schüler

»Ich war kein Pionier, ich war ein Rowdy!«

Erinnern Sie sich noch daran, als Sie in die erste Klasse kamen?

Ich wurde im Oktober geboren, deshalb kam ich zur Schule, als ich schon fast acht Jahre alt war. In unserem Familienalbum gibt es ein Foto: ich in Schuluniform wie sie damals üblich war, grau, sah aus wie eine Kriegsuniform, mit einem Blumentopf in der Hand. Wieso nicht mit einem Blumenstrauß, sondern ausgerechnet mit einem Blumentopf?

Gingen Sie gern zur Schule?

Nein, nicht besonders. Mir gefiel es besser im Hof. Unser Haus hatte zwei Hinterhöfe, die miteinander verbunden waren. Da haben wir die Tage verbracht. Mama lehnte sich manchmal aus dem Fenster und rief: »Bist du im Hof?« Ich bin im Hof. Dann ist es gut. Hauptsache, dass ich nicht weglief. Ohne zu fragen, durfte ich nicht aus dem Hof.

Und das haben Sie immer befolgt?

Als ich fünf oder sechs Jahre alt war, ging ich zum ersten Mal bis zur Ecke an der großen Straße. Natürlich ohne Erlaubnis. Es war der 1. Mai. Ich schaute mich um. Das Volk war in Bewegung. Ein Heidenlärm. Das Leben brodelte. Ich habe mich sogar ein wenig gefürchtet.

Und als ich dann älter war, fuhr ich einmal im

Winter mit einem Freund aufs Land, ohne meinen Eltern Bescheid zu sagen. Kurzum, wir haben uns verfahren. Wir stiegen in die Eisenbahn und fuhren irgendwohin. Es war kalt. Wir nahmen Streichhölzer und entfachten mit Mühe und Not ein Lagerfeuer. Hatten nichts zu essen. Waren ganz durchgefroren. Stiegen wieder in die Eisenbahn und fuhren zurück. Zu Hause bekamen wir eins übergezogen. Da verging uns die Lust am Verreisen.

Haben Sie aufgehört, Abenteuer zu suchen?

Nur vorübergehend, vor allem als ich zur Schule ging. Von der ersten bis zur achten Klasse besuchte ich die Schule Nr. 193, die sich in derselben Straße wie unser Haus befand, sieben Minuten zu Fuß. Ich kam immer zu spät zur ersten Stunde. Deshalb habe ich es sogar im Winter nicht geschafft, mich ordentlich anzuziehen. Anziehen, zur Schule rennen, ausziehen – das dauerte alles viel zu lange. Und um Zeit zu sparen, zog ich mich nicht an, sondern rannte wie der Blitz ohne Mantel in die Schule – und gleich auf die Schulbank.

Auch heute sind Sie, wie wir festgestellt haben, nicht immer pünktlich.

Aber ich bemühe mich!

Hat es Ihnen in der Schule gefallen?

Eine gewisse Zeit ja. So lange es mir gelang, der ungekrönte Anführer zu bleiben. Die Schule befand sich neben unserem Hof. Der Hof war ein sicheres Terrain für mich. Und das war hilfreich.

Hat man auf Sie gehört?

Ich war nicht darauf erpicht herumzukommandieren. Das wichtigste war für mich, die Unabhängigkeit zu bewahren. Und wenn ich mein Leben damals mit meinem heutigen als Erwachsener vergleiche, dann ist die Rolle, die ich damals gespielt habe, ähnlich der Rolle, die die Gerichtsorgane spielen und weniger die der Exekutive.

So lange mir das gelang, so lange hat es mir auch gefallen.

Dann wurde klar, dass die Hinterhof-Fertigkeiten nicht ausreichten, und ich fing an Sport zu treiben. Aber auch diese Quelle zur Erhaltung meines sogenannten Status versiegte bald. Man musste auch noch gut in der Schule sein. Bis zur sechsten Klasse lernte ich ehrlich gesagt mehr schlecht als recht.

Wera Dmitrijewna Gurewitsch

Wir lernten uns kennen, als Wolodja bereits in der vierten Klasse war. Die Lehrerin, Tamara Pawlowna Tschischowa, bat mich: »Wera Dmitrijewna, übernehmen Sie bitte meine Klasse. Die Kinder sind nicht schlecht.«

Ich ging zu ihnen in den Unterricht. Es wurde ein Deutschkurs eingerichtet. Es war interessant zu sehen, wer sich angemeldet hatte. Es waren etwa zehn bis zwölf Schüler. Tamara Pawlowna fragte: »Wer war denn alles da?« Und ich zählte auf: »Natascha Soldatowa, Wladimir Putin...« Sie wunderte sich: »Wladimir auch? Das hätte ich nicht gedacht.« Dabei nahm er mit größtem Interesse am Unterricht teil.

Sie sagte: »Na, du wirst schon noch sehen.« – »Wieso?« Sie antwortete, dass er zu oberflächlich sei. Er war noch nicht mal bei den Pionieren. Die wurden normalerweise in der dritten Klasse ausgewählt. Und ihn nahm man nicht, weil er so vorlaut war.

Die einen Klassen lernten Englisch, die anderen

Deutsch. Englisch war schon mehr in Mode als Deutsch, deshalb gab es mehr Englischklassen. Wolodja kam zu mir in die Klasse. In der fünften trat er noch nicht besonders in Erscheinung, aber ich spürte, dass in ihm ein großes Potential steckte, Energie, Charakter. Ich erkannte sein großes Interesse für die deutsche Sprache und er lernte leicht. Er hatte ein ausgezeichnetes Gedächtnis und einen wachen Verstand.

Ich dachte bei mir: Aus diesem Jungen wird noch was. Ich beschloss, ihm mehr Aufmerksamkeit zu schenken und darauf zu achten, dass er nicht immer mit den Hinterhofkindern spielte. In seinem Hof hatte er Freunde, die Brüder Kowschow. Mit ihnen kletterte er, sprang über die Dächer der Garagen und Hinterhofschuppen. Dem Vater gefiel das ganz und gar nicht. Er war ein etwas rauher Kerl. Aber es gelang uns nicht, Wolodja von diesen Kowschows zu trennen.

Sein Vater war sehr ernst und hatte ein beeindruckendes und strenges Äußeres. Als ich das erste Mal zu den Putins nach Hause kam, bekam ich fast Angst. Was für ein strenger Mann. Und dann stellte sich heraus, dass er eine gute Seele war. Aber Küsschen gab's nicht. Bei ihnen zu Hause wurde überhaupt wenig Süßholz geraspelt.

Damals kam ich zu ihnen und sagte zu dem Vater: »Ihr Sohn bemüht sich nicht genug.« Und er erwiderte: »Und was soll ich machen? Soll ich ihn etwa grün und blau schlagen?« Ich sagte: »Sie müssen mit ihm reden. Lassen Sie es uns gemeinsam versuchen. Sie zu Hause und ich in der Schule. Er kann besser stehen als auf einer Drei, denn er begreift alles mühelos.« Wir waren uns im Grunde genommen einig. Aber wir konnten Wolodja nicht besonders beeinflussen.

Wolodja veränderte sich in der sechsten Klasse ganz von selbst. Offenbar hatte er sich dieses Ziel gesetzt. Wahrscheinlich hatte er begriffen, dass man im Leben etwas erreichen muss. Er verbesserte sich ohne große Mühe.

Dann wurde er endlich doch noch bei den Pionieren aufgenommen. Das war in Sablin. Dann aber richtig. Wir machten einen Ausflug zu Lenins Häuschen. Neben dem Häuschen fand die Zeremonie statt. Und gleich darauf wurde er Vorsitzender des Abteilungsrates.

Man hat Sie erst in der sechsten Klasse bei den Pionieren aufgenommen? War bis dahin wirklich alles so schlecht?

Natürlich war ich ein Rowdy und kein Pionier.

Jetzt kokettieren Sie aber!

Sie beleidigen mich. Ich war wirklich ein Gassenjunge.

Wera Dmitrijewna Gurewitsch

Die meisten Jugendlichen waren damals vom Tanzen begeistert. Es gab Abendveranstaltungen bei uns in der Schule. Wir hatten einen Club, der hieß *Kristall*. Dort haben wir ein Theaterstück aufgeführt. Aber Wolodja hatte zu all dem keine Lust. Sein Vater wollte so gerne, dass er auf der Ziehharmonika spielte, und schickte ihn zum Unterricht, als er noch in der Grundschule war. Aber Wolodja wollte nicht. Stattdessen klimperte er mit Vergnügen auf seiner Gitarre. Er sang Lieder von Wysozki, sämtliche Lieder aus »Die Vertikale«, über die Sterne, über Serjoscha aus der Malaja Bronnaja.

Im Grunde war er nicht sehr gesellig. Lieber ging er zum Sport. Er begann zu ringen, um seinen Mann stehen zu können. Er übte irgendwo am Finnischen Bahnhof. Viermal pro Woche ging er hin und machte ganz schöne Fortschritte. Er liebte den Sambosport. Dann begann er an Wettkämpfen teilzunehmen. Oft fuhren sie in andere Städte.

»Judo – das ist nicht einfach nur Sport«

Im Alter von elf Jahren begann ich Sport zu treiben. Als mir klar wurde, dass Spaß am Raufen nicht genügt, um auf dem Hof und in der Schule der Anführer zu sein, beschloss ich, mit dem Boxen anzufangen. Aber lange habe ich das nicht durchgehalten, denn schon bald hatte ich ein gebrochenes Nasenbein. Es tat entsetzlich weh, ich konnte nicht einmal meine Nasenspitze berühren. Aber zum Arzt ging ich auch nicht, obwohl alle sagten, dass meine Nase operiert werden müsse. Ich fragte: »Wozu denn? Das heilt von selbst.« So war es dann auch. Aber danach hatte ich keine Lust mehr aufs Boxen.

Dann beschloss ich, Sambo zu lernen. Kampfsportarten waren damals ohnehin sehr beliebt. Nicht weit von zu Hause gab es eine Trainingsgruppe und ich konnte dort gleich anfangen. Es fand in einer einfachen Halle statt, die zum Sportverein *Trud* gehörte. Ich bekam einen sehr guten Trainer. Er hieß Anatoli Semjonowitsch Rachlin. Er widmete sein ganzes Leben diesem Sport und trainiert bis heute Jungen und Mädchen.

Anatoli Semjonowitsch spielte in meinem Leben sicher eine entscheidende Rolle. Wenn ich nicht mit dem Sport angefangen hätte, dann weiß ich nicht, wie alles gekommen wäre. Anatoli Semjonowitsch riss mich förmlich aus dem Hinterhof. Aber die Verhältnisse waren dort im Verein, ehrlich gesagt, auch nicht gerade die besten.

Und so beschäftigte ich mich zuerst mit Sambo und dann mit Judo. Unser Trainer beschloss eines Tages einfach, dass wir jetzt Judo machen, und unsere gesamte Gruppe änderte die Kampfart.

Judo, das ist nicht einfach nur Sport, sondern eine Philosophie. Es geht um den Respekt gegenüber dem Älteren, gegenüber dem Gegner. Es gibt keinen Schwächeren. Beim Judo hat alles – angefangen vom Ritual bis hin zu den Details – einen erzieherischen Aspekt. Man stellt sich auf die Matte und verbeugt sich erstmal voreinander. Aber bei uns ging es manchmal auch anders zu. Anstatt sich zu verbeugen, haute man dem Gegner gleich eine rein.

Trotzdem, mit den Kameraden von damals bin ich heute noch befreundet.

Haben Sie geraucht?

Nein. Kann sein, dass ich es ein paar Mal probiert habe, aber richtig geraucht habe ich nie. Und als ich mit dem Sport anfing, war das sowieso kein Thema mehr für mich. Zuerst trainierten wir jeden zweiten Tag, dann täglich, und es blieb kaum mehr Zeit für etwas anderes. Wir fingen schon an, Prioritäten zu setzen, wir wollten im Sport unsere Selbstbestätigung finden, etwas erreichen, es waren uns andere Ziele wichtig. Der Sport übte einen starken Einfluss auf uns aus.

Und haben Sie sich auch mit Karate beschäftigt? Das war doch damals ein sehr populärer, irgendwie verbotener Sport.

Karate wie auch alle andere Sportarten, die nicht in der Gruppe ausgeübt wurden, war für uns bestenfalls zum Aufwärmen. Sport ist nur dann Sport, wenn man Blut und Wasser schwitzt, wenn es Schwerstarbeit ist.

Als Karate modern wurde und kommerzielle Clubs dafür entstanden, sahen wir darin nur eine Art, Geld zu machen. Wir aber haben nie Geld für unser Training bezahlt. Alle kamen aus einfachen Verhältnissen. Deshalb war Karate von Anfang an ein Sport für die Reichen.

Eines Tages, als wir mit dem Cheftrainer vom *Trud*, Leonid Ionowitsch, zum Training kamen, war noch die Karategruppe in der Halle, obwohl wir schon dran gewesen wären. Leonid ging zu ihrem Trainer und machte ihn darauf aufmerksam. Dieser aber würdigte ihn keines Blickes, so nach dem Motto »Verzieh dich!« Da packte Leonid ihn, ohne ein Wort zu sagen, nahm ihn leicht in den Schwitzkasten, zog ihn, der gleich bewusstlos war, von der Matte und wandte sich an uns: »Kommt und macht es euch bequem.« So hielten wir's damals mit Karate.

Haben Ihre Eltern Ihre sportlichen Aktivitäten unterstützt?

Im Gegenteil. Zuerst dachten sie, dass ich negative Erfahrungen sammeln würde, die ich dann im Hinterhof ausleben würde, und keiner wusste, wo das noch hinführen sollte. Deshalb waren sie sehr skeptisch.

Als sie dann später meinen Trainer kennenlernten

und er uns zu Hause besuchte, änderte sich ihre Einstellung. Und als ich dann die ersten sportlichen Erfolge erzielte, merkten meine Eltern, dass dieser Sport wichtig und gut für mich war.

Sie begannen zu siegen?

Ja, so nach zwei Jahren.

Wera Dmitrijewna Gurewitsch

Ich habe ihn von der 4. bis zur 8. Klasse gehabt. Und dann mussten wir uns entscheiden, in welche Schule er danach gehen sollte. Die meisten gingen in die Schule Nr. 197, in der Lawrowstraße. Nur er und Slawa Jakowlew wählten eine Schule mit naturwissenschaftlicher Ausrichtung. Ich glaube, Slawa hat ihn überredet. Ich habe mich damals gewundert. Aber er sagte: »Ich fange erst mal an, dann sehen wir schon.« Und er war immer aufgeschlossen. Auch in dieser Schule blieb er ein guter Schüler. Seine Klassenlehrerin war Minna Moisejewna Judizkaja. Sie hat auch Deutsch unterrichtet. Und ich war merkwürdigerweise öfter bei ihm zu Hause zu Besuch als früher, denn ich half ihm in Deutsch. Ich wollte, dass er gut Deutsch sprach. Und er hat mir auch geholfen. Neben der Schule unterrichtete ich am Abend im Technikum für Architektur und Bauwesen. Mein Mann war auf einer Dienstreise oder so. Und ich hatte zwei kleine Töchter. Ich sagte zu ihm: »Wolodja, kannst du mir helfen. Ich komme spät nach Hause und die Mädchen könnten Angst bekommen, wenn sie aufwachen und ich bin nicht da.« Er kam und sah nach ihnen und übernachtete sogar bei uns. Er ist ein guter Mensch. Aber Verrat und sonstige Gemeinheiten verzeiht er niemals und niemandem, glaube ich.

In jener Schule hat es Wolodja soweit ich weiß nicht sehr gefallen. Bis auf den Literaturunterricht. Der Lehrer hieß Kotschergin. Er gestaltete den Unterricht wirklich originell und interessant. Er stellte ungewöhnliche Aufsatzthemen. Ich erinnere mich noch genau an ein Thema, das für die damalige Zeit sehr ungewöhnlich war: »Revolution hat einen Anfang, ein Ende aber hat sie nicht.«

Gleich nach Beendigung der Schule erklärte Wolodja seinen Eltern, dass er Jura studieren wolle. Ich weiß auch nicht, was ihn dazu bewogen hat. Wieso ausgerechnet die juristische Fakultät? Ich hatte immer gedacht, er würde eine technische Hochschule besuchen. Lena Grjasnowa ging auch auf das Technologische Institut, und ihn verband doch vieles mit Lena. Sie erschien bei ihm zu Hause, als sie noch Sechstklässlerin war. Er interessierte sich nicht besonders für Mädchen. Die Mädchen interessierten sich eher für ihn.

Dann hat er für alle völlig unerwartet erklärt: »Ich gehe zur Universität.« Ich sagte: »Wie willst du das machen?« Er erwiderte: »Das regele ich selbst.«

»Wir suchen uns unsere Leute selbst aus!«

Noch bevor ich die Schule abgeschlossen hatte, wollte ich bereits beim Geheimdienst arbeiten, obwohl das für mich unerreichbar schien, wie ein Flug zum Mars. Ich habe Bücher gelesen und Filme angesehen. Bald wollte ich zur See fahren, dann wieder zum Geheimdienst. Und ganz zu Anfang wollte ich Pilot werden.

In Leningrad gibt es die Akademie für zivile Luftfahrt. Und da wollte ich unbedingt hin. Ich las viel Fachliteratur und abonnierte sogar eine Zeitschrift. Aber dann taten Actionfilme das ihre. Am meisten erstaunte mich, wie man mit relativ wenig Kraft, das heißt mit der Kraft eines einzigen Menschen, das erreichen konnte, was ganze Heere nicht vermochten. Ein einziger Geheimagent entschied über das Schicksal von Tausenden. So habe ich es mir jedenfalls vorgestellt.

Und dann interessierte mich auch die Akademie für zivile Luftfahrt nicht mehr. Ich musste mich entscheiden.

Meine Eltern haben das nicht gleich kapiert. Mein Trainer ging zu ihnen und sagte: »Es gibt eine einfache Möglichkeit. Wolodja kann als Sportler praktisch ohne Prüfungen ins Institut eintreten.«

Natürlich freuten sie sich und versuchten mich dazu zu überreden. Mein Trainer konnte überhaupt nicht verstehen, wieso ich dagegen war. »Der Eintritt ist ganz einfach, du kommst direkt in die Akademie für zivile Luftfahrt!«, sagte er zu meinen Eltern. »Und wenn er die Uni nicht schafft, dann geht er zur Armee.«

Die Situation war für mich nicht einfach. Mein Vater war ein sehr strenger Mensch. Aber ich blieb einfach hartnäckig. Ich sagte ihnen, ich hätte mich entschieden.

Dann kam noch Leonid Ionowitsch, mein Trainer aus dem *Trud*. Er dachte, er könne es ganz schlau anstellen. »Und?« fragte er. »Gehst du hin?« Ich sagte: »Klar!« Er: »Und wohin?« Dabei wusste er schon genau Bescheid. Ich: »Auf die Universität.« Er: »Brav. Und welche Fakultät?« Ich: »Die juristische.« Und er brüllte mich an: »Willst du Leute einlochen? Bist du verrückt? Du wirst noch Milizmann, hörst du?« Das nahm ich ihm übel. »Ich werde nicht Milizmann!« Das ganze Theater hatte er inszeniert.

Ein ganzes Jahr lang haben sie mich täglich damit gequält. Aber das stärkte nur meinen Wunsch, Jura zu studieren.

Ich will Ihnen erklären, warum mir die juristische Fakultät so wichtig war: Um zu erfahren, wie man Spion wird, ging ich irgendwann in der neunten Klasse in das Empfangszimmer der KGB-Direktion. Zu mir kam so ein Typ. Kaum zu glauben, aber er schenkte mir Gehör. Ich sagte: »Ich möchte bei Ihnen arbeiten.« – »Wie erfreulich. Aber da gibt es erst noch ein paar Sachen zu klären.« – »Und die wären?« – »Erstens suchen wir uns unsere Leute lieber selbst aus. Zweitens kann man zu uns nur kommen, wenn man in der Armee gedient oder irgendeine zivile Hochschule besucht hat.«

Ich hörte interessiert zu. »Was für eine Hochschule?« – »Irgendeine.« Offensichtlich wollte er mich langsam loswerden. Ich fragte: »Und was für eine am liebsten?« – »Eine juristische!« – »Alles klar.«

Und ab diesem Augenblick fing ich an, mich auf das Jurastudium auf der Leningrader Universität vorzubereiten. Und davon konnte mich niemand abhalten.

Aber meine Eltern und meine Trainer haben mir noch lange mit der Armee gedroht. Sie haben einfach nicht verstanden, dass mir die Armee überhaupt nicht passte. Das zog sich eine Weile hin und erschwerte meine Situation, brachte mich aber nicht vom Kurs ab.

Meine Trainer waren übrigens außergewöhnlich

erfinderisch. Als ich in die Vorbereitungskurse an die Universität ging, erfuhr ich, dass man Listen von Sportlern aufstellte, die bei der Aufnahme bevorzugt werden. Ich wusste genau, dass ich nicht auf dieser Liste stand. Aber als ich in die juristische Fakultät eintrat und mit dem Studium anfing, wollte mich der Sportlehrer quasi zwingen, zum *Sturmvogel* (*Anm. d. Red.:* Sportverein für Studenten und Hochschullehrer) überzutreten. Ich fragte ihn: »Warum soll ich plötzlich übertreten?« Er erwiderte: »Wir haben dir beim Eintritt geholfen, deshalb wäre es gut, wenn...« Aber ich fühlte, dass irgendwas nicht stimmte.

Das hat er mir ein, zwei Mal gesagt, dann kam es zwischen uns fast zum Streit. Da ging ich zum Dekan. Ich fiel gleich mit der Tür ins Haus: »Ich soll gezwungen werden, in den *Sturmvogel* einzutreten. Ich finde das nicht in Ordnung.« Und der Dekan, Professor Alexejew, ein feiner, offenherziger Mann, fragte: »Und warum zwingt man dich?« Ich antwortete: »Weil man mir weismachen will, dass ich als Sportler bei der Aufnahme bevorzugt wurde und dass ich deshalb jetzt verpflichtet bin, in den *Sturmvogel* einzutreten.«

Er sagte: »Was? Das kann nicht sein! Bei uns haben alle die gleichen Chancen und werden nach dem Wissen eingestuft, nicht nach irgendeiner Liste. Aber, warte...« Und vor meinen Augen nahm er aus seinem Schreibtisch eine Liste, schaute sie an und fragte mich nach meinem Namen. Nachdem ich ihm seine Frage beantwortet hatte, sagte er: »Du stehst nicht auf der Liste. Du brauchst dich also von derartigen Vorschlägen nicht beeindrucken zu lassen.« Danach habe ich mich dann auch gerichtet.

Nichtsdestotrotz trat ich bei der Hochschulmeisterschaft für die Uni an, weil dies möglich war, ohne den Verein zu wechseln.

Aber sie ließen mich nicht in Ruhe. Ich sagte ihnen hundert Mal, dass ich aus meinem Verein nicht austreten wolle. Schließlich waren dort alle meine Freunde und auch mein erster Trainer. Ich sagte, dass ich nirgendwohin gehen werde, sondern das eintreten würde, was mir wichtig sei.

Der Student

»Ein Boot, die Sterne und eingemachtes Dosenfleisch«

War der Eintritt in die Universität schwierig für Sie?

Es war schwierig, weil der Kurs aus 100 Leuten bestand, aber nur zehn davon waren unmittelbar nach der Schule eingetreten. Die anderen kamen alle direkt von der Armee. Deshalb gab es bei uns Schulabgängern eine Quote von 40 Bewerbern pro Studienplatz. Ich erhielt für einen Aufsatz die Note »gut«, für alle anderen »ausgezeichnet« – und kam durch.

Übrigens war nicht der Gesamtdurchschnitt ausschlaggebend, deshalb konnte ich mich in der zehnten Klasse ganz und gar auf die Fächer konzentrieren, für die man eine Prüfung für die Uni ablegen musste. Hätte ich damals nicht aufgehört, mich mit den anderen Fächern zu befassen, dann hätte ich es nicht geschafft.

Zum Glück waren in der Schule sehr kluge und feinfühlige Lehrer. Für sie stand an erster Stelle, die Schüler auf die Hochschule vorzubereiten. Und sobald klar war, dass ich nicht Chemiker werden wollte, sondern den humanistisch-geisteswissenschaftlichen Zweig wählen wollte, redeten sie mir nicht rein. Im Gegenteil, sie bestärkten mich.

An der Universität lernten Sie offensichtlich mit Erfolg und Zielstrebigkeit.

Ja, das ist richtig. Mit Arbeiten für die Allgemeinheit befasste ich mich zu der Zeit nicht. Ich war kein Funktionär des Komsomol (*Anm. der Red.:* kommunistische Jugendorganisation).

Reichte das Stipendium zum Leben?

Nein. Deshalb lag ich die erste Zeit meinen Eltern auf der Tasche. Ich war halt ein »armer Student«. Zugegeben, in der Baukolonne verdiente man damals viel Geld. Aber was half es? Ich machte einen Abstecher zur Baukolonne. In Komi wurden eine Schneise für die Stromleitungen geschlagen und Häuser renoviert. Nach Beendigung der Arbeit erhielten wir ein Bündel Geld, so um die 1000 Rubel natürlich. Ein Auto kostete damals so um die 3500 bis 4000 Rubel. Und wir bekamen für eineinhalb Monate tausend Rubel! Nicht wenig Geld! Ehrlich gesagt, ein Vermögen für mich.

Also, wir bekamen unser Geld. Damit mussten wir nun etwas machen. Also fuhr ich mit zwei Freunden in Urlaub nach Gagra ans Schwarze Meer, ohne vorher nach Leningrad zurückzukehren.

Da waren wir nun. Am ersten Tag betranken wir uns mit Portwein, aßen Schaschlik hinterher und dachten darüber nach, was man nun weiter anstellen könnte. Wo sollten wir übernachten? Irgendwo gab es sicher ein Hotel, aber davon konnten wir nur träumen. Und als es schon spät abends war, ließen wir uns in einem Wohngebiet nieder, wo uns ein altes Mütterchen aufsammelte.

Ein paar Tage faulenzten wir, gingen schwimmen und aalten uns in der Sonne. Aber dann mussten wir daran denken, wieder nach Hause zu fahren. Das Geld war uns auch schon ausgegangen. Wir überlegten hin und her und fanden die billigste Art für die Heimreise, nämlich Außendeckplätze auf einem Schiff bis Odessa und weiter mit dem Zug im Gemeinschaftswaggon auf dem obersten Liegebrett bis Petersburg. Damals gab es diese Reisemöglichkeit, die sogenannte kombinierte Beförderung.

Wir drehten unsere Taschen um, aber es waren nur noch ein paar Groschen drin. Für das übrige Geld wollten wir Fleischkonserven kaufen. Einer meiner Freunde war ziemlich kleinlich, und er hatte etwas mehr Geld übrig als der andere, der eher ein Faulpelz war. Übrigens arbeiten sie jetzt beide in einer Anwaltskanzlei.

Und als wir unserem sparsamen Freund sagten, dass wir zusammenlegen sollten, überlegte er und sagte: »Das liegt nur schwer im Magen, dieses Dosenfleisch. Außerdem finde ich das nicht ganz in Ordnung.« Und wir sagten: »Okay, gehen wir.«

Es war schon Zeit an Bord zu gehen. Wir gingen hinunter zum Hafen und sahen eine riesige Menschenmenge. Das Schiff war auch nicht gerade klein. Es war ein schönes, weißes Schiff. Im Hafen haben wir dann erfahren, dass nur die an Bord gelassen werden, die ein Kabinenticket besitzen. Außendeckpassagiere waren hier überhaupt nicht vorgesehen.

Der Kumpel, der sich geweigert hatte, Dosenfleisch zu kaufen, sagte: »Irgendwie gefällt mir das alles nicht. Ich habe den leisen Verdacht, dass hier nicht alles in Ordnung ist. Lasst uns versuchen durchzukommen.«

Nun hatten wir ja besondere Fahrkarten, weil es

sich um eine kombinierte Beförderung handelte. Alle Deckpassagiere hatten solche kleinen Coupons aus Pappe, aber wir hatten große, wie die Passagiere mit richtigen Plätzen. Ich sagte: »Das ist mir unangenehm. Lass uns stehenbleiben und noch warten.« Darauf erwiderte er: »Dann bleib du doch stehen, wir gehen schon mal los.« Sie gingen und natürlich schloss ich mich an.

Der Kontrolleur fragte: »Wo sind Ihre Fahrscheine?« – »Hier, wir haben die großen.« – »Bitte sehr. Gehen Sie durch.«

Und man ließ uns passieren wie ehrliche Leute. Und da ruft der Bootsmann oder irgendjemand aus der Crew: »Gibt es noch normale Passagiere?« Stille.

Er fragt noch einmal: »Sind jetzt nur noch Außendeckpassagiere da?« Die also, in der Hoffnung, dass sie jetzt durchgelassen werden, rufen voller Freude: »Hier! Nur Außendeck!« – »Gangway hochziehen!«

Die Gangway wurde eilig hochgezogen, und dann ging's los.

Die Leute waren alle betrogen worden. Sie hatten schließlich Geld bezahlt. Danach erklärte man ihnen, das Schiff wäre mit mehr Passagieren überlastet gewesen.

Hätten wir uns nicht reingemogelt, dann wären wir auch an der Anlegestelle zurückgeblieben. Wir hatten keine Kopeke mehr von dem Geld, das wir in der Taiga verdient hatten. Das letzte war für Dosenfleisch und Fahrkarten draufgegangen. Und wie hätten wir ohne einen Pfennig weiterkommen sollen?

Und so machten wir es uns in einem Rettungsboot bequem, das über dem Wasser hing. Wir schaukelten wie in einer Hängematte. Ich schaute zwei Nächte in den Himmel und konnte mich nicht davon losreißen. Das Schiff fährt, die Sterne aber hängen gleichsam unbeweglich am Himmel. Können Sie sich das vorstellen? Ein Seemann weiß, wovon ich spreche. Für mich war das eine neue Erfahrung.

Am Abend schauten die Passagiere aus ihren Kabinen. Irgendwie war es ein bisschen deprimierend zu sehen, was für ein schönes Leben die hatten. Und wir hatten nur ein Rettungsboot, die Sterne und Dosenfleisch.

Unser sparsamer Freund hatte kein Fleisch. Er hielt es nicht aus und ging ins Bordrestaurant. Und als er die Preise sah, kam er ganz schnell wieder zurück und sagte ziemlich gleichgültig: »Nun, ein Stück Dosenfleisch würde ich mir jetzt schon gerne einverleiben.« Aber der andere, der sich immer genau an die Abmachungen hielt, erwiderte: »Nein, weißt du, wir müssen an dein Wohl denken. Das Zeug wird dir nur ziemlich schwer im Magen liegen.« So hat er bei uns noch 24 Stunden gefastet. Das war zwar hart, aber gerecht.

»Anstatt zu atmen, röchelte ich nur noch«

Als ich an der Universität begann, kamen neue Anregungen, neue Werte auf mich zu. Ich konzentrierte mich hauptsächlich auf mein Studium. Sport hatte eine zweitrangige Bedeutung bekommen. Trotzdem trainierte ich regelmäßig und nahm an den Allunionswettkämpfen teil, wenn auch eher etwas leidenschaftslos.

Im Jahre 1976 wurde ich Stadtmeister. In unserer Gruppe trainierten nicht nur Amateure wie ich, sondern auch Profis, Europameister, Weltmeister und Olympiasieger, sowohl im Sambo als auch im Judo.

Die Voraussetzungen für den Sambomeister erfüllte ich bereits während meiner Studienzeit, und zwei Jahre später wurde ich Judomeister. Ich weiß nicht, welche Voraussetzungen heutzutage erfüllt werden müssen, aber damals musste man innerhalb eines Jahres eine ganze Reihe von Gegnern eines bestimmten Leistungsniveaus besiegen und außerdem einen bestimmten Platz bei wichtigen Wettkämpfen erreichen. Man musste sozusagen zu den drei Besten der Stadtmeisterschaften oder der Allunionsmeisterschaften des Vereins *Trud* zählen.

Ich erinnere mich noch deutlich an einige Nahkämpfe. Nach einem dieser Kämpfe bekam ich fast keine Luft mehr und röchelte nur noch. Ich hatte es mit einem kräftigen Burschen zu tun und mich dabei so verausgabt, dass nur noch ein Röcheln aus meiner Brust hervorkam. Ich siegte nur knapp.

Ein anderer Kampf wird mir ein Leben lang im Gedächtnis bleiben, auch wenn ich ihn verloren habe, nämlich gegen den Weltmeister Wolodja Kjullenin. Er lebt heute nicht mehr. Er fing an zu trinken und dann wurde er irgendwo auf der Straße umgebracht. Aber er war ein ganz ausgezeichneter Sportler. Der war wirklich talentiert.

Damals trank er noch nicht. Bei uns liefen die Stadtmeisterschaften. Er war schon Weltmeister. Gleich zu Beginn warf ich ihn schön mit Schwung über die Schulter. Eigentlich wäre es damit schon entschieden gewesen, aber da er Weltmeister war, passte es nicht, den Kampf so schnell zu beenden. Darum gab man mir ein paar Punkte und wir kämpften weiter. Natürlich war er der Stärkere, aber ich strengte mich an. Bei schmerzhaften Handgriffen kann im Judo ein Aufschrei als Signal für eine Kapitulation gedeutet werden. Als er einen solchen schmerzhaften Griff ausführte – er verdrehte mir das Ellbogengelenk –, wurde der Kampf abgebrochen. Der Schiedsrichter hatte den Eindruck, dass ich irgendwelche dumpfen Laute von mir gegeben hatte. Damit hatte Kjullenin schließlich gesiegt. Ich werde diesen Kampf niemals vergessen. Aber gegen einen Weltmeister zu verlieren, war keine Schande.

Dann war da noch ein Wettkampf, an den ich mich sehr gut erinnere, obwohl ich daran nicht selbst teilgenommen habe. An der Universität hatte ich einen Freund überredet, mit in die Sporthalle zu kommen. Er fing mit dem Judo an, gar nicht schlecht. Eines Tages fanden Meisterschaften statt. Er kämpfte, machte einen Sprung nach vorn und fiel mit dem Kopf auf die Matte. Er erlitt eine Verletzung der Wirbelsäule und war von da an gelähmt. Zehn Tage später starb er im Krankenhaus. Er war ein netter Kerl. Und ich mache mir noch heute Vorwürfe, dass ich ihn zum Judo gebracht habe.

Bei den Wettkämpfen oder sonstigen Treffen waren Verletzungen keine Seltenheit. Es kam immer wieder zu Arm- und Beinbrüchen. Wir mussten viele Schmerzen erleiden.

Oft fuhren wir ins Sportheim am Chippijarwi-See bei Leningrad. Der See ist ziemlich groß, er hat einen Durchmesser von etwa 17 Kilometern. Als erstes liefen wir morgens gleich nach dem Aufstehen rund um den

See. Anschließend machten wir Turnübungen, dann gingen wir zum Training, dann gab es Frühstück, dann wieder Training, dann Mittagessen, nach dem Mittagessen hatten wir Freizeit, dann wieder Training.

Wir reisten viel im Land umher. Da passierte so einiges. Einmal waren wir auf einem Treffen in Moldawien zur Vorbereitung auf die Spartakiade der Völker der UdSSR. Es war schrecklich heiß. Ich kam mit meinem Freund Wasja vom Training und überall wurde Wein verkauft. Wasja meinte: »Komm, lass uns jeder ein Fläschchen Wein trinken.« – »Mir ist zu heiß,« erwiderte ich. »Aber wir können uns doch entspannen und uns ausruhen.« – »Also gut.« Wir kauften jeder eine Flasche Wein, gingen auf unser Zimmer, nach dem Mittagessen legten wir uns hin, dann öffnete er eine Flasche und reichte sie mir. »Hier!« – »Mir ist zu heiß. Ich möchte nichts.« – »Gut, dann eben nicht.« Und er trank die Flasche auf einen Zug aus. Dann schaute er mich an. »Willst du wirklich nichts?« – »Wirklich nicht.« Er nahm die zweite Flasche und trank auch diese auf einen Zug aus. Dann stellte er sie mit einem lauten Knall auf den Tisch. Gleich darauf fing er an zu schnarchen. Ich bedauerte, nicht mitgetrunken zu haben. Ich wälzte mich hin und her, dann rüttelte ich ihn wach, weil ich es nicht mehr aushalten konnte. Ich sagte: »Hör auf! Du schnarchst wie ein Elefantenbulle.«

So haben wir uns auf die unterschiedlichste Art entspannt. Aber das ist eine Ausnahme. Normalerweise kam es nicht zu solchen Ausschweifungen, denn beim Training war das nicht angebracht.

Es passierte eine Menge. Zusammen mit uns trainierte ein bärenstarker Kerl, der hieß Kolja. Er war nicht nur riesig, er hatte auch noch ein sehr ausdrucksvolles Gesicht mit einem massiven, hervorstehenden Kinn und einem finsteren Blick. Aber im Grunde war er ein prima Kerl. Eines Abends wurde er an einem dunklen Weg von ein paar Rowdys angepöbelt. Da sagte er zu ihnen: »Jungs, seid still. Sekunde mal eben...« Er nahm ein Streichholz, zündete es an und hielt es an sein Gesicht. »Schaut mir mal in die Augen!« Die Sache war sofort erledigt.

»Mangelnde Ernsthaftigkeit in Gefahrensituationen«

Sergei Roldugin
Solist beim Symphonieorchester des Mariinski-Theaters, ein Freund der Familie Putin, Taufpate der älteren Tochter Mascha

Wolodja studierte zusammen mit meinem Bruder. Ich wohnte in einer anderen Stadt, und als ich einmal nach Leningrad kam, erzählte mir mein Bruder von Wowka.

Wir lernten uns kennen, als er mich mit meinem Bruder besuchte. Das war ungefähr 1977. Wir trafen uns und wurden unzertrennliche Freunde. Er ist für mich wie ein Bruder. Wenn ich damals einmal nicht wusste, wo ich hingehen sollte, ging ich zu ihm, und manchmal schlief und aß ich auch bei Wowka.

So haben wir uns kennengelernt. Dann wurde ich zum Militärdienst nach Leningrad einberufen. Einmal kam er mit seinem *Saporoschez* zu Besuch. Ich kletterte über den Zaun und entfernte mich unerlaubt von meiner Truppe. Wir fuhren mit dem Auto durch das nächtliche Leningrad. Der Auspuff war kaputt und wir rasten durch die Gegend und sangen Lieder. Ich kann mich sogar noch daran erinnern:

Jener Abend war einzigartig,
morgens ging irgendein Zug,
und ein bisschen später irgendein Flugzeug...

Wir haben ganz selbstvergessen gesungen. Und laut! Der Auspuff war doch kaputt!

Irgendwann bekam meine Mutter in der Kantine statt Wechselgeld ein Lotterielos und sie gewann einen *Saporoschez*. Ich glaube, ich war damals im dritten Schuljahr.

Wir überlegten hin und her, was wir mit dem Auto machen sollten. Unsere Lebensverhältnisse waren bescheiden. Meinen ersten Mantel kaufte ich mir erst, nachdem ich ein weiteres Mal in der Baukolonne gearbeitet hatte, ein Jahr nach dem Urlaub mit meinen Freunden in Gagra. Das war mein erster anständiger Mantel. Meine Eltern waren stets knapp bei Kasse und es war ziemlich absurd, mir das Auto zu überlassen. Man hätte es ja schließlich verkaufen und gutes Geld dafür bekommen können, 3500 Rubel immerhin. Damit hätte man das Haushaltsgeld schön aufbessern können. Aber meine Eltern beschlossen, mir was Gutes zu tun. Sie schenkten den *Saporoschez* ihrem Söhnchen, der glücklich damit durch die Gegend brauste. Ich fuhr nur noch mit dem *Saporoschez*, auch auf unsere Versammlungen.

Ich war ein ziemlicher Raser. Aber ich hatte ständig Angst, ich könnte einen Unfall bauen. Wie hätte ich das Auto dann wieder reparieren sollen?

Einmal waren Sie in einen Unfall verwickelt. Dabei wurde ein Mann angefahren.

Ich war damals nicht schuld, wie sich später herausstellte. Der Mann sprang wohl von selbst auf die Fahrbahn... Vielleicht wollte er ja nicht mehr leben... Ich weiß nicht, was er da machte, dieser Narr. Er lief sofort weg.

Man sagt, Sie hätten versucht, ihn einzuholen.

Was?! Sie sind gut! Glauben Sie, ich hätte ihn mit dem Auto umgefahren und dann noch verfolgt? So ein Unmensch bin ich nicht! Ich bin nur aus dem Auto ausgestiegen.

Bewahren Sie in kritischen Situationen immer die Ruhe?

Ja. Ich reagiere vielleicht sogar zu ruhig. Früher, als ich auf die Geheimdienst-Schule ging, stand in einer Beurteilung als negativer Wesenszug: »Mangelnde Ernsthaftigkeit in Gefahrensituationen«. Und dies war ein schwerwiegendes Manko.

Man muss in Gefahrensituationen angespannt sein, um angemessen reagieren zu können. Das ist wirklich wichtig. Angst muss sein wie Schmerz. Wenn etwas weh tut, dann heißt das, dass etwas mit dem Organismus nicht stimmt. Daran musste ich später noch lange arbeiten.

Sie sind offenbar kein Hitzkopf?

Nein, auf keinen Fall.

Gegen Ende des Studiums fuhren wir schon zu Lehrgängen für Wehrpflichtige. Dort waren auch zwei

Freunde von mir, mit dem einen war ich damals nach Gagra gereist. Wir verbrachten zwei Monate auf dem Lehrgang. Es war alles viel leichter als bei den Sportveranstaltungen und bald hatte ich genug davon. Die meiste Zeit spielten wir Karten. Dann gingen wir zu einer Bäuerin ins Dorf, um Milch zu holen. Wer gewann, ging Milch kaufen. Ich hatte bald keine Lust mehr dazu, im Gegensatz zu den anderen. Sie hatten immer alles schnell verspielt. Wenn sie nichts mehr besaßen, kamen sie zu mir und sagten: »Hilf uns mit etwas Geld aus.« Sie waren leidenschaftliche Spieler. Ich dachte: »Soll ich ihnen wirklich was geben? Die verspielen es ja doch wieder nur.«

Und sie sagten: »Ach komm! Deine Groschen werden dich sowieso nicht retten. Gib sie uns doch!« Dann fiel mir immer ein, dass ich »unter mangelnder Ernsthaftigkeit in Gefahrensituationen« litt. Und schließlich habe ich ihnen das Geld gegeben.

Dann haben sie erst richtig losgelegt. Sie haben so viel gewonnen, dass sie es in der verbleibenden Zeit einfach nicht verspielen konnten. Und jeden Abend gingen wir zur Bäuerin, um Milch zu kaufen.

»Ich sagte ihr die Wahrheit...«

Die Zeit an der Universität ist doch meist auch die Zeit für Liebesgeschichten. Hatten Sie welche?

Wer hat die nicht? Aber nichts Ernstes... Wenn man von *einer* Geschichte absieht.

Ihre erste Liebe?

Ja. Wir wollten sogar heiraten.

Wann war das?

Vier Jahre vor meiner Hochzeit mit Ljudmila.

Hat es damals nicht geklappt?

Nein.

Weshalb nicht?

Wegen verschiedener Intrigen natürlich.

Hatte Ihre Freundin einen anderen kennengelernt?

Einen anderen? Nein, erst später.

Wer fasste den Entschluss, lieber nicht zu heiraten?

Das war ich. Das Aufgebot war schon bestellt. Sämtliche Vorbereitungen waren getroffen. Unsere Eltern hatten schon alles besorgt – Ringe, Anzug, Brautkleid... Das war eine der schwersten Entscheidungen in meinem Leben. Es war wirklich nicht leicht. Ich kam mir vor wie ein Schuft. Aber ich beschloss, dass es besser sei, jetzt zu leiden als später.

Heißt das, Sie haben sie am Tag der Hochzeit einfach verlassen?

Ja, sozusagen. Aber ich habe mich ja nicht einfach so aus dem Staub gemacht, ich sagte ihr die ganze Wahrheit, alles, was ich für notwendig hielt.

Möchten Sie nicht darüber sprechen?

Das war eine vertrackte Geschichte. Wirklich nicht einfach.

Bedauern Sie diesen Schritt?

Nein.

Sergei Roldugin

Dieses Mädchen hat mir gefallen, sie war ein anständiges Mädchen. Eine Medizinerin mit einem starken

Charakter. Sie war für ihn, wissen Sie, so was wie ein guter Freund, eine Frau, auf die er sich verlassen konnte. Aber liebte sie ihn auch? Ljuda, seine Frau, oder Ljudik, wie wir sie nennen, liebt ihn wirklich.

Ich hatte zu diesem Mädchen, ich glaube, sie hieß auch Ljuda, ein sehr gutes Verhältnis. Wowkas Gesundheit lag ihr sehr am Herzen. Sie fragte nicht bloß: »Wie geht es dir?«, sondern gab gleich eine Diagnose ab: »Ich glaube, du hast Magenschmerzen...« Ich weiß nicht, was zwischen den beiden vorgefallen ist. Er hat mir nichts erzählt. Er hat nur gesagt, dass es vorbei ist. Ich glaube, es hat zwischen ihnen gekracht, denn die Eltern waren ja mit der Hochzeit einverstanden.

Er hat ganz schön was durchgemacht. Wissen Sie, Wowka und ich sind beide im Sternzeichen Waage und wir nehmen uns solche Dinge sehr zu Herzen. Und damals habe ich bemerkt, dass er..., dass ihn... Er ist im Grunde genommen ein sehr emotionaler Mensch, aber er konnte seine Gefühle nie richtig zeigen. Einmal sagte ich ihm zum Beispiel: »Wowka, du sprichst so merkwürdig. Wie kannst du nur so sprechen!«

Jetzt ist er natürlich ein Cicero im Vergleich zu damals. Ich habe ihm erklärt: »Du sprichst so schnell, dabei ist es gar nicht nötig, so schnell zu sprechen.« Ich als Künstler wollte ihm helfen. Er ist ein sehr gefühlsbetonter Mensch, aber er konnte seine Emotionen nicht in Worte kleiden. Das lag wahrscheinlich auch an seiner Arbeit. Aber inzwischen ist er ein ausgezeichneter Redner. Emotional, wortgewandt, verständlich. Wo er das nur gelernt hat?

»Wenn sie nicht sagen wollen *wohin*, dann heißt das *dorthin!*«

Die ganze Studienzeit über wartete ich darauf, dass sich jener Mann an mich erinnern würde, den ich damals im Empfangszimmer des KGB getroffen hatte. Aber es schien, als ob man mich völlig vergessen hätte. Schließlich war es ja schon einige Jahre her. Wer konnte schon wissen, was aus mir geworden war? Außerdem erinnerte ich mich, dass sich der KGB seine Leute lieber selbst aussuchen wollte, weshalb ich mich auch nicht weiter bemerkbar machte.

Es vergingen vier Jahre. Kein Signal. Ich beschloss, das Thema abzuhaken und bei der Suche nach einer Stelle zweigleisig zu fahren: Einerseits interessierte ich mich für die Sonderstaatsanwaltschaft – sie existiert noch heute bei verschiedenen Regierungseinrichtungen, andererseits für eine Stelle als Rechtsanwalt. Das war ein Beruf mit hohem Ansehen.

Aber im vierten Studienjahr kam ein Mann auf mich zu und schlug vor, dass wir uns treffen sollten. Er stellte sich zwar nicht vor, aber ich habe gleich geahnt, um was es sich handelte. Er erklärte nämlich: »Es geht um Ihren zukünftigen Berufseinsatz. Über dieses Thema hätte ich gerne mit Ihnen gesprochen. Ich möchte Ihnen aber vorläufig noch nicht sagen, wohin Sie gehen sollen.«

Da ging mir ein Licht auf. Wenn er nicht sagen will *wohin,* dann heißt das *dorthin.*

Wir verabredeten uns direkt in der Eingangshalle meiner Fakultät. Nachdem ich etwa zwanzig Minuten auf ihn gewartet hatte, dachte ich: »So ein Hirsch! Da hat sich wohl jemand einen Spaß mit mir erlaubt!« Ich wollte schon wieder abziehen, da kam er ganz außer Atem angelaufen.

»Entschuldigung!« sagte er.

Das gefiel mir.

»Du hast noch jede Menge Zeit, Wolodja, aber was würdest du im Großen und Ganzen sagen, wenn man dir einen Job bei der Staatssicherheit anbieten würde?«

Seit der Schule hatte ich davon geträumt, aber das habe ich ihm natürlich nicht gesagt. Denn ich erinnerte mich nur zu gut an das Gespräch im Empfangszimmer des KGB: »Wir suchen uns unsere Leute lieber selbst aus.«

Und als Sie sich entschlossen, bei der Staatssicherheit zu arbeiten, dachten Sie da nicht an das Jahr 1937?

Ehrlich gesagt überhaupt nicht. Absolut nicht. Ich traf kürzlich in Petersburg ein paar ehemalige Mitarbeiter der Verwaltung des KGB, mit denen ich damals dort zu arbeiten anfing, und habe mit ihnen auch darüber gesprochen. Und ich kann nur wiederholen, was ich ihnen bereits gesagt habe.

Als ich das Angebot des KGB-Mitarbeiters annahm – übrigens stellte sich später heraus, dass er nicht Mitarbeiter der Personalabteilung war, sondern einer eigenen Unterabteilung angehörte, die für die Hochschulen zuständig war –, dachte ich nicht an Repressivmaßnahmen. Meine Vorstellung vom KGB basierten auf romantischen Erzählungen über die Arbeit der Agenten. Ohne Übertreibung, ich war ein Erfolgsprodukt der patriotischen Erziehung eines Sowjetmenschen.

Wussten Sie wirklich nichts über die Repressalien des KGB?

Ich hatte keinen blassen Schimmer. Ja, natürlich hatte ich vom Personenkult gehört und davon, dass Leute zu Schaden kamen. Aber dann kam die »Entthronung« des Personenkults... Ich war doch noch völlig unbeschlagen! Als ich mein Studium aufnahm, war ich gerade mal achtzehn Jahre alt. Mein Studium habe ich mit dreiundzwanzig abgeschlossen!

Aber die es wissen wollten, wussten alles.

Wir lebten doch unter den Bedingungen eines totalitären Staates. Alles geschah geheim. Wie tief ging dieser Personenkult? Wie ernst musste er genommen werden? Weder ich noch irgendjemand aus meinem Freundeskreis war sich darüber im Klaren. Und so nahm ich meine Arbeit beim KGB mit einer eher naiven Vorstellung auf.

Nach dem Gespräch in der Eingangshalle war ich wieder allein. Der Mann war verschwunden. Die Einteilungskommission hatte mich aber schon im Visier. Und dann kam wieder ein Anruf: eine Einladung in die Personalabteilung der Universität. Ich hatte mit einem gewissen Dmitri Ganzerow zu tun, den Namen habe ich mir gemerkt. Er führte mit mir das erste ausschlaggebende Gespräch am Vorabend der Einteilung.

Und in eben dieser Kommission geschah etwas Außergewöhnliches. Als sie bei meinem Namen angekommen waren, sagte der Leiter der Rechtsabteilung: »Wir stellen ihn in der Advokatur ein.« Da fuhr der Einsatzleiter, der für die Zuteilung verantwortlich war, iruckartig aus dem Schlaf hoch. Er hatte bis dahin irgendwo in einer Ecke geschlummert. »Nein, nein!« rief er.

»Die Sache ist bereits entschieden. Wir stellen Putin beim KGB ein!« Das sagte er ganz offen bei der Verteilung.

Und bereits ein paar Tage später füllte ich Papiere aus, alle möglichen Anmeldeformulare.

Hat man Ihnen konkret gesagt, dass Sie beim Geheimdienst eingesetzt werden?

Natürlich nicht. Das ist es ja gerade, die Vorgehensweise war völlig korrekt. Man sagte zum Beispiel: »Wir bieten Ihnen eine Arbeit in einem bestimmten Bereich an. Sind Sie bereit?« Jemand antwortete: »Ich muss darüber nachdenken.« Der Nächste bitte! Ein solcher Mann hat keine Chance! Wenn er sich nicht schnell entscheiden kann, dann wird er kaum zu gebrauchen sein!

Sie haben offenbar gleich geantwortet, dass Sie bereit sind zu arbeiten, wo man Sie hinschickt?

Ja, natürlich. Die wussten ja selbst nicht, wo ich eingeteilt war. Sie haben die Leute ja nur ausgesucht. Das ist nichts weiter als reine Routinearbeit, die Kaderauswahl. Und eben so ein Routineangebot hat man mir gemacht.

Sergei Roldugin

Wowka sagte mir sofort, dass er beim KGB arbeitete. Praktisch umgehend. Vielleicht hätte er das nicht tun sollen. Einigen erzählte er, er würde bei der Miliz arbeiten. Ich verhielt mich vorsichtig gegenüber diesen Jungs, weil ich schon mal mit ihnen aneinander geraten war. Ich fuhr ins Ausland und wusste, dass in jeder Gruppe angeblich Inspektoren oder Vertreter des Kultusministeriums mitfuhren, vor denen man sich in Acht nehmen musste.

Einem Kollegen gegenüber habe ich mich folgendermaßen geäußert: »Es sind ganz normale Jungs, ganz in Ordnung.« Und er antwortete: »Je mehr du mit ihnen zu tun hast, desto dicker wird deine Akte am Litejny (*Anm. d. Red.:* Sitz des KGB) Prospekt Nr. 4.«

Ich fragte Wolodja nie nach seiner Arbeit, obwohl es mich natürlich interessierte, was dort ablief. Ich erinnere mich noch genau an folgende Situation: Ich wollte ihn mit geschickten Fragen dazu bringen, mir ein bisschen was zu erzählen. Aber es war nichts herauszubekommen.

Und so fragte ich ihn: »Ich bin Cellist, spiele Violoncello. Und was bist du von Beruf? Ich weiß, du bist Geheimagent. Keine Ahnung, was das bedeutet. Wer bist du? Was machst du?«

Und er erwiderte: »Ich bin Spezialist für den Umgang mit Menschen.« Damit war die Unterhaltung beendet. Und er hatte ja recht, denn in seinem Beruf konnte er tatsächlich besonders gut mit Leuten umgehen. Und als ich mich von meiner ersten Frau Irina trennte, sagte er: »Ich habe genau gewusst, dass es so kommen würde.« Ich war nicht der Meinung, dass es von Anfang an vorauszusehen war. Aber seine Worte beeindruckten mich sehr. Ich war stolz auf ihn und hielt große Stücke darauf, dass er Spezialist im Umgang mit Menschen war.

Der junge Spezialist

»Die Anweisung ist unser allerhöchstes Gesetz«

Man hat mich anfangs im Sekretariat der Verwaltung eingesetzt, dann beim Abwehrdienst, wo ich etwa fünf Monate arbeitete.

Entsprach diese Tätigkeit Ihren Vorstellungen?

In keinster Weise! Ich hatte ja gleich nach dem Studium angefangen und war schon in gewisser Weise vorbereitet. Aber dann sah ich mich plötzlich lauter ewig Gestrigen gegenüber. Einige waren wirklich pensionsreif.

Ich weiß noch, wie sie einmal ein Projekt ausarbeiteten. Die ganze Gruppe war versammelt. Mich hatte man auch hinzugezogen. An Einzelheiten kann ich mich nicht mehr erinnern, aber die Unterhaltung verlief etwa so: »Wollen wir's so und so machen. Einverstanden?« Ich sagte: »Nein, ich bin dagegen.« – »Warum sind Sie denn dagegen?« – »Weil es gegen das Gesetz ist.« Einer fragte erstaunt: »Gegen welches Gesetz?« Ich nannte ihm die Paragraphen. Er sagte: »Aber wir haben unsere Anweisung.« Ich berief mich wieder auf das Gesetz. Sie begriffen es nicht und fingen wieder mit ihrer Anweisung an. Ich sagte: »Das ist aber doch nur eine Anweisung und kein Gesetz.«

Doch mein Gesprächspartner erwiderte mit aufrichtiger Verwunderung: »Für uns ist die Anweisung das allerhöchste Gesetz.« Und das sagte er ohne jegliche Ironie. Er meinte das absolut ernst. So hatten sie es gelernt, und so arbeiteten sie. Ich konnte das nicht. Und nicht nur mir ging es so, sondern vielen anderen Kollegen meiner Generation.

Einige Monate lang war ich bei dieser Stelle formell beschäftigt und legte irgendwelche Akten ab. Aber nach einem halben Jahr schickte man mich für sechs Monate zu einer Schulung, um an Fortbildungskursen der operativen Kader teilzunehmen. Unsere Schule in Leningrad war zwar nicht besonders spektakulär gewesen, aber man glaubte, dass ich dadurch bereits Grundlagen hätte, und deshalb hielt man einen Lehrgang in den strategischen Bereichen für ausreichend. So studierte ich eine Zeitlang, kehrte dann nach Petersburg zurück und arbeitete noch ungefähr ein halbes Jahr bei der Abwehr.

Zu welcher Zeit war das?

Es war Ende der Siebziger. Man sagt heute, dass damals Leonid Iljitsch die Daumenschrauben anzulegen begann. Aber davon war nicht viel zu spüren.

Und hat sich in der Arbeitsweise der Organe etwas verändert?

Wissen Sie, im Grunde genommen waren viele Dinge, die sich die Rechtsschutzorgane seit Anfang der Neunziger leisteten, absolut unmöglich. Man war dort unauffällig tätig, damit um Himmelswillen niemand die langen Ohren bemerkte. Ich will nur ein Beispiel nennen. Nehmen wir mal an, eine Gruppe von Dissidenten versammelt sich in Leningrad, um eine Veranstaltung durchzuführen. Und nehmen wir an, sie setzen dieses Treffen auf den Geburtstag Peters des Großen. Die Dissidenten in Petersburg haben ihre

Aktionen oft an diesem Datum abgehalten. Sie hatten eine Vorliebe für die Jahrestage der Dekabristen (*Anm. der Red.:* Teilnehmer an dem Aufstand im Dezember 1825 in Russland).

Dissidenten eben.

Genau. Sie planten eine Veranstaltung, zu der das diplomatische Korps und Journalisten an den Ort des Geschehens eingeladen werden sollten, um die ganze Welt auf sich aufmerksam zu machen. Was soll man machen? Vertreiben kann man sie nicht, das ist nicht erlaubt. Da hat man eben selbst eine Kranzniederlegung organisiert, und zwar genau dort, wohin die Journalisten eingeladen waren. Es wurden das Gebietskomitee und die Gewerkschaften zusammengetrommelt, alles war von der Miliz abgesperrt. Die Organisatoren selbst kamen mit musikalischer Begleitung. Dann legten sie den Kranz nieder.

Journalisten und Vertreter des diplomatischen Korps stehen still, schauen zu, gähnen ein paar Mal und verschwinden wieder. Und nach ihrem Abgang wird die Einzäunung wieder abgebaut. Bitteschön, jetzt kann kommen, wer will. Aber es interessiert schon niemanden mehr.

Haben Sie an dieser Operation selbst teilgenommen?

Uns hat man in diese Veranstaltungen in der Regel nicht einbezogen.

Woher kennen Sie dann die Einzelheiten?

Daraus wurde nie ein besonderes Geheimnis gemacht. Wenn man sich in der Kantine traf, redete man darüber. Wozu erzähle ich Ihnen das alles? Weil das natürlich nicht richtig war. Es war die Vorgehensweise eines totalitären Staates. Es war unanständig, diese

Leute auszuspionieren, aber es war auch alles nicht so tragisch.

Und die Geschichte mit Sacharow, war die denn nicht tragisch?

O doch, die Geschichte mit Sacharow war es durchaus.

»Da sind Leute mit Geigen…«

Sergei Roldugin

Manchmal gingen Wowka und ich nach der Arbeit in die Philharmonie. Er fragte mich, wie man ein Gehör für klassische Musik bekomme. Ich versuchte es ihm nahezubringen. Und wenn Sie ihn heute etwas über die Fünfte Symphonie von Schostakowitsch fragen, dann kann er Ihnen genau erklären, worum es darin geht. Er liebte es nämlich, wenn er der Musik zuhörte und ich ihm Erklärungen dazu gab. Ich habe auch Katja und Mascha inspiriert, sich für Musik zu interessieren.

Ich bin davon überzeugt, dass Fachleute, die mit einem Publikum schlaue Gespräche über Musik führen, das ganz falsch angehen. Die Verbreitung der klassischen Musik lässt sehr zu wünschen übrig. Ich sagte Wowka, es muss doch auch ein ganz normaler Durchschnittsmensch zusehen und zuhören können. Er fragt gespannt: »Da sind Leute mit Geigen, ein Dirigent… Und weiter?« Und ich erkläre ihm alles genau: »Horch, jetzt beginnt die Musik. Was für ein friedliches Leben, der Kommunismus wird aufgebaut. Und jetzt – was für ein Akkord – ta-ti, pa-pa! Und jetzt erklingt aus der Ferne ein faschistisches Thema. Horch! Da ist es – die kleinen Schellen und die Blechblasinstrumente. Dieses Thema wird sich jetzt entwickeln. Und da ist wieder das Thema vom Anfang, als es um das friedliche Leben ging. Sie werden sich jetzt treffen, hier und da, hier und da.« Er war über alle Maßen begeistert.

Er hat einen starken Charakter. Eigentlich habe ich viel besser Fußball gespielt als er. Aber ich verlor stets gegen ihn, weil er nie lockerließ. Ich übernehme drei Mal den Ball, und er nimmt ihn mir genau drei Mal wieder ab! Er konnte furchtbar stur sein, das äußerte sich praktisch überall, auch bei seinen sportlichen Ambitionen. So war er beispielsweise 1976 Judomeister von Leningrad.

Einmal, direkt vor der Abreise nach Deutschland, fuhren wir zu Wasja Schestakow ins Sportlager. Wasja, sein Freund, arbeitete dort als Jugendtrainer. Wir kamen mitten in der Nacht an. Wasja sagte zu uns: »Hier ist das Lager, ihr werdet schon irgendwo Platz finden.« Als die Jungs am nächsten Morgen aufwachten, sagten sie: »Schaut mal, die zwei! Die kann man mit dem kleinen Finger aufs Kreuz legen.« Nun mach mal langsam, denke ich.

Dann gingen die Jungs zum Judotraining auf die Matte. Als sie anfingen, sagte Wasja zu Wolodja: »Hast du Lust zu kämpfen?« Er antwortete: »Nein, wie kommst du denn darauf!« – »Los, zeig's ihnen!« – »Bloß nicht! Ich stand schon seit ein paar Jahren nicht mehr auf der Matte!« Ich ermutigte Wolodja: »Los! Warum nicht! Die meinen, sie könnten uns mit dem kleinen Finger aufs Kreuz legen...« Wasja ließ ebenfalls nicht locker. »Einverstanden. Du hast mich überredet.« Er brauchte nur noch eine Judoj und ging deshalb zu einem der Bürschchen. »Hör mal, hast du nicht eine Jacke für mich?« Der aber antwortete frech: »Frag jemand anders.« Wolodja besorgte sie sich woanders und ging auf die Matte. Und dieses Bürschchen auch. Da hat Wowka ihn dermaßen fertiggemacht, dass man ihn nach kürzester Zeit zum Sieger erklärte. Und Wasja rief zufrieden ins Megaphon: »Gesiegt hat der Judomeister Wladimir Putin aus Leningrad, Champion von 1976!« Wolodja zog die Jacke aus, gab sie zurück und ging in aller Ruhe mit geneigtem Haupt weg. Und ich sage noch zu dem Bürschchen: »Kannst noch von Glück sagen, dass ich nicht gegen dich angetreten bin!«

Ein anderes Mal, es war an Ostern, lud mich Wowka zu einer Kirchenprozession ein. Er stand an der Absperrung und beobachtete den Prozessionszug, als er mich fragte: »Möchtest du zum Altar vorgehen und zuschauen?« Natürlich war ich gleich begeistert. Dazu gehörte schon eine gehörige Portion Übermut. Eigentlich darf das keiner, aber wir schon. Wir schauten uns also die Prozession an und gingen wieder nach Hause. Als wir an der Haltestelle standen, kamen ein paar Leute auf uns zu. Keine Rowdys, eher Studenten, auf jeden Fall nicht ganz nüchtern: »Findet sich hier was zu rauchen?« Ich schwieg lieber und Wowka antwortete nur kurz: »Findet sich nicht.« Er: » Was soll die blöde Antwort?« – »Einfach so.« Was weiter passierte, ging so schnell, dass ich es gar nicht richtig mitbekommen habe. Ich glaube, einer von ihnen hat Wowka angerempelt oder geschlagen. Auf jeden Fall sah ich vor meinen Augen nur irgendwelche Füße vorbeifliegen und den Kerl gleich hinterher. Wolodja wandte sich ruhig zu mir: »Lass uns gehen.« Und wir zogen ab.

Es hat mir imponiert, wie er diesen Schnösel zu Boden warf. Mit den Füßen in die Luft und zack!

»Sehen Sie sich unseren Genossen Platow an!«

Während des halben Jahres, das ich in der Abwehrabteilung beschäftigt war, interessierten sich offenbar die Mitarbeiter des Auslandsgeheimdienstes für mich. Sie traten mit mir in Kontakt. Erst ein Gespräch, dann das nächste und so weiter... Der Geheimdienst ist ständig auf der Suche nach geeigneten Leuten, und so auch unter den Kadern der Sicherheitsorgane. Sie wählten junge Mitarbeiter aus, die nach bestimmten objektiven Gesichtspunkten zu passen schienen.

Selbstverständlich wollte ich auch dorthin. Die Mitarbeiter des Geheimdienstes waren die Elite der Organe. Es herrschte dort natürlich eine große Vetternwirtschaft. Das ist leider Tatsache. Es ist ja allgemein bekannt, wie schwierig es unter den damaligen Bedingungen war, aus der Sowjetunion auszureisen.

Natürlich war ich einverstanden, weil mir das interessant erschien. Umgehend kam ich zu einer Spezialausbildung nach Moskau, wo ich ein Jahr blieb. Danach kehrte ich nach Leningrad zurück, arbeitete dort eine Zeitlang in der sogenannten Ersten Abteilung. Die Erste Hauptverwaltung, das ist der Geheimdienst. Zu dieser Verwaltung gehörten Unterabteilungen in allen Großstädten der Sowjetunion, wie zum Beispiel in Leningrad. Ich war dort etwa viereinhalb Jahre beschäftigt. Anschließend fuhr ich wieder nach Moskau, um am Andropow-Institut des Rotbannerordens zu studieren.

Michail Frolow

Oberst a. D., Dozent am Andropow-Institut des Rotbannerordens

Ich war 13 Jahre am Rotbanner-Institut. Wladimir Putin kam zu mir aus der Leningrader Verwaltung des KGB im Rang eines Majors.

Ich hatte ihn für die Funktion des Abteilungsleiters am Rotbanner-Institut vorgesehen. Das ist nicht bloß irgendeine Dienstbezeichnung. Der Abteilungsleiter spielt eine entscheidende Rolle. Er muß über organisatorische Fähigkeiten verfügen, aber auch über Sensibilität und Objektivität. Ich hatte den Eindruck, dass Putin genau der richtige Mann dafür war. Seine Studienzeit war reibungslos verlaufen. Es gab keinerlei Zwischenfälle, die an seiner Ehrenhaftigkeit oder Aufrichtigkeit Zweifel aufkommen ließen.

Ich erinnere mich noch, dass er zu einem Vortrag von mir in Anzug und Weste erschien, obwohl draußen dreißig Grad Hitze herrschten und ich ein kurzärmeliges Hemd trug. Er hielt es für angebracht, seinem Vorgesetzten entsprechend entgegenzutreten. Ich habe ihn den anderen sogar als musterhaftes Beispiel genannt: »Sehen Sie sich unseren Genossen Platow an!« Man wurde dort nicht mit seinem wirklichen Familiennamen genannt. Deshalb sagte ich nicht Putin, sondern Platow. Nur der erste Buchstabe des Namens wurde beibehalten. Als ich in der Geheimdienstschule war, hieß ich übrigens Filimonow.

Meine Mutter Marija Iwanowna Schelomowa.

Mein Vater Wladimir Spiridonowitsch Putin.

Mein Großvater arbeitete bei Lenin und später auch bei Stalin als Koch.

Mein Onkel mütterlicherseits, Iwanowitsch Schelomow.

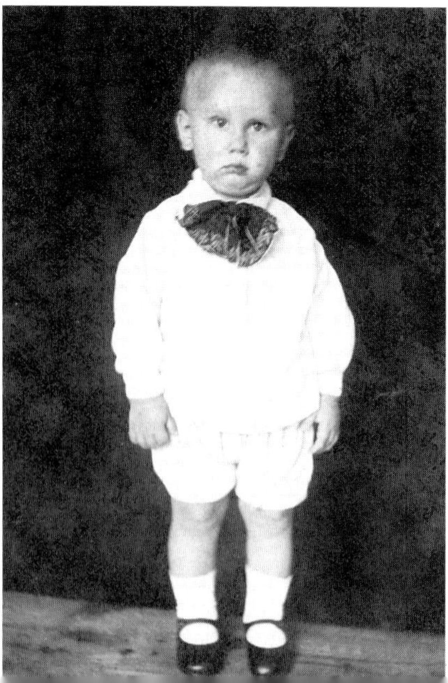

Mein Bruder starb während der Blockade Leningrads an Diphterie.

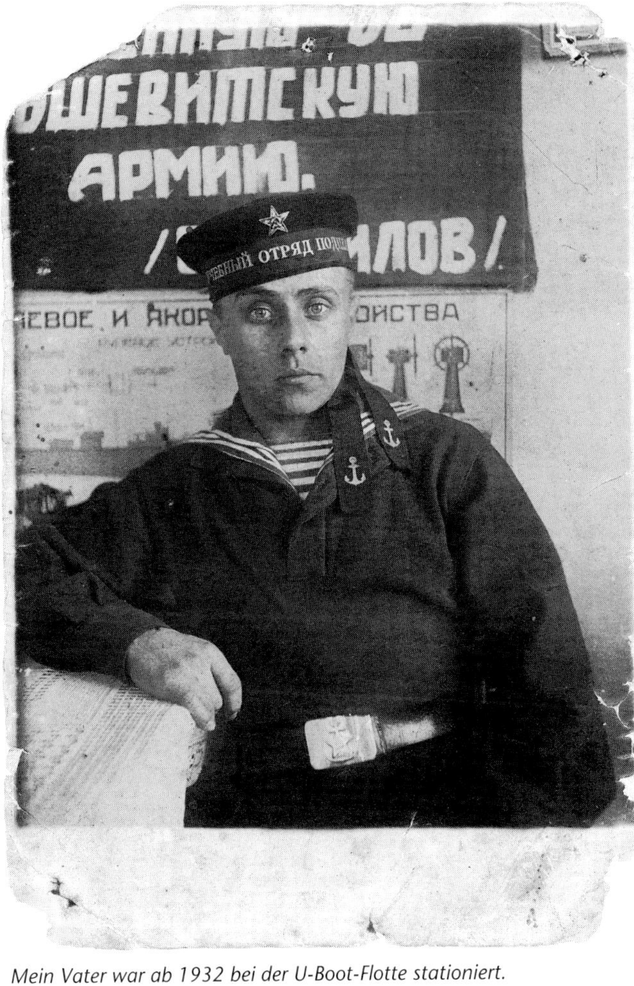

Mein Vater war ab 1932 bei der U-Boot-Flotte stationiert.

Während des Krieges rettete Onkel Iwanowitsch Schelomow meiner Mutter das Leben, indem er sie mit Nahrungsmitteln versorgte.

Mein Vater, der eine schwere Kriegsverletzung erlitten hatte, nahm nach dem Krieg verschiedene Arbeiten an, unter anderem auf einer Kolchose.

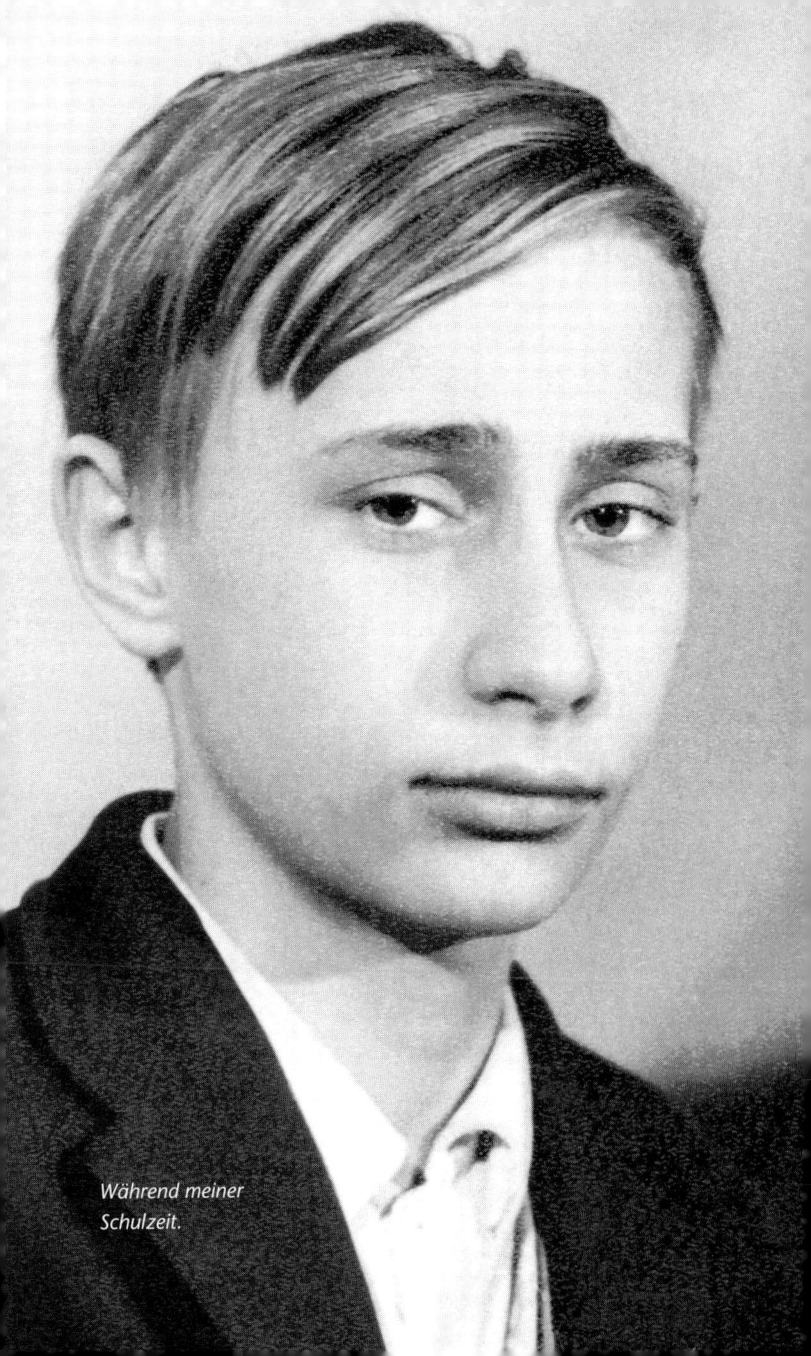

Während meiner Schulzeit.

Sascha Grigorjew (rechts) leitet heute die Verwaltung des Föderalen Sicherheitsdienstes (FSB) in Petersburg.

Wera Dmitrijewna Gurewitsch, meine Lehrerin von der 5. bis zur 8. Klasse.

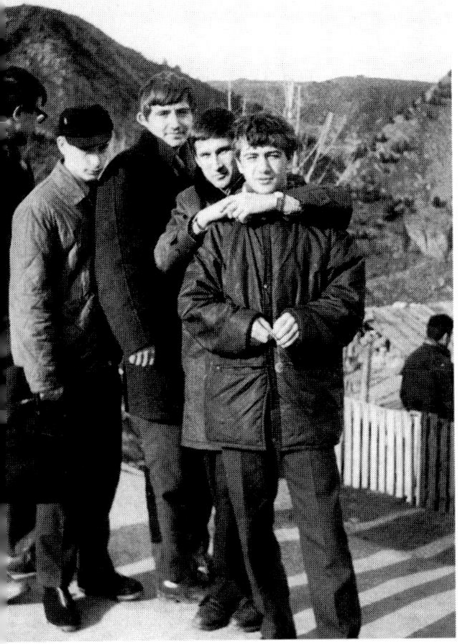

Als Jugendlicher begann ich mit Judo. Das Foto entstand 1969 auf der Fahrt zu einem Wettkampf nach Tbilisi.

Mein Vater billigte meine sportlichen Aktivitäten.

Mit einem Studienkollegen während eines Urlaubs am Schwarzen Meer.

Mit meiner Mutter, 1958.

Mit meinen Eltern vor der Abreise in die DDR, 1985.

Meine Großmutter Olja verbrachte ihr ganzes Leben auf dem Land.

Meine Mutter (rechts außen) arbeitete Ende der 60er Jahre eine Zeit lang in einem Krankenhaus.

Ljudmila und ich heirateten im Jahr 1983, drei Monate nachdem ich ihr einen Antrag gemacht hatte.

Linke Seite: Mein liebstes Bild von Ljudmila.

Das Standesamt, auf dem wir uns trauen ließen.

Ich habe sehr spät geheiratet, erst mit 30 Jahren.

Aus der Personalakte des KGB.

Rechte Seite: 1998 wurde ich Chef des Föderalen Sicherheitsdienstes (FSB).

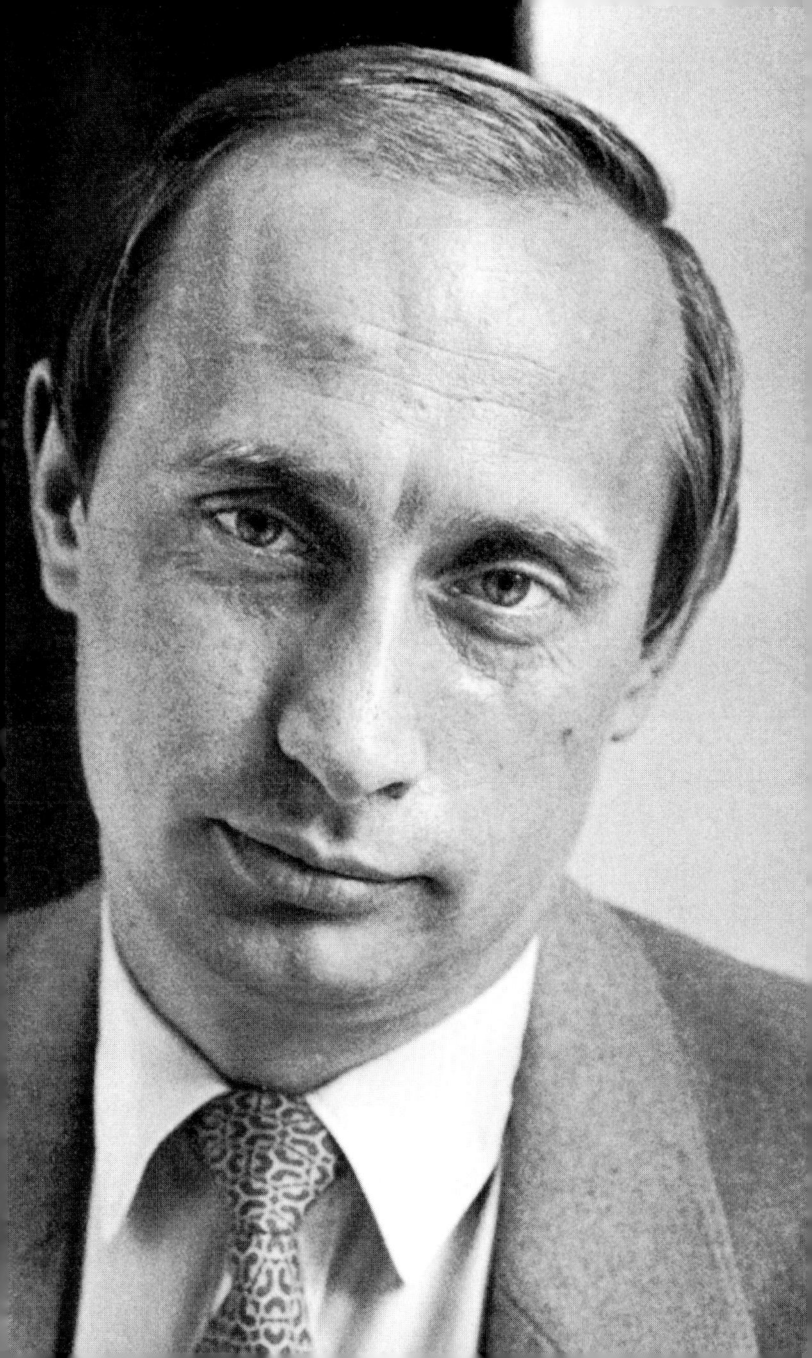

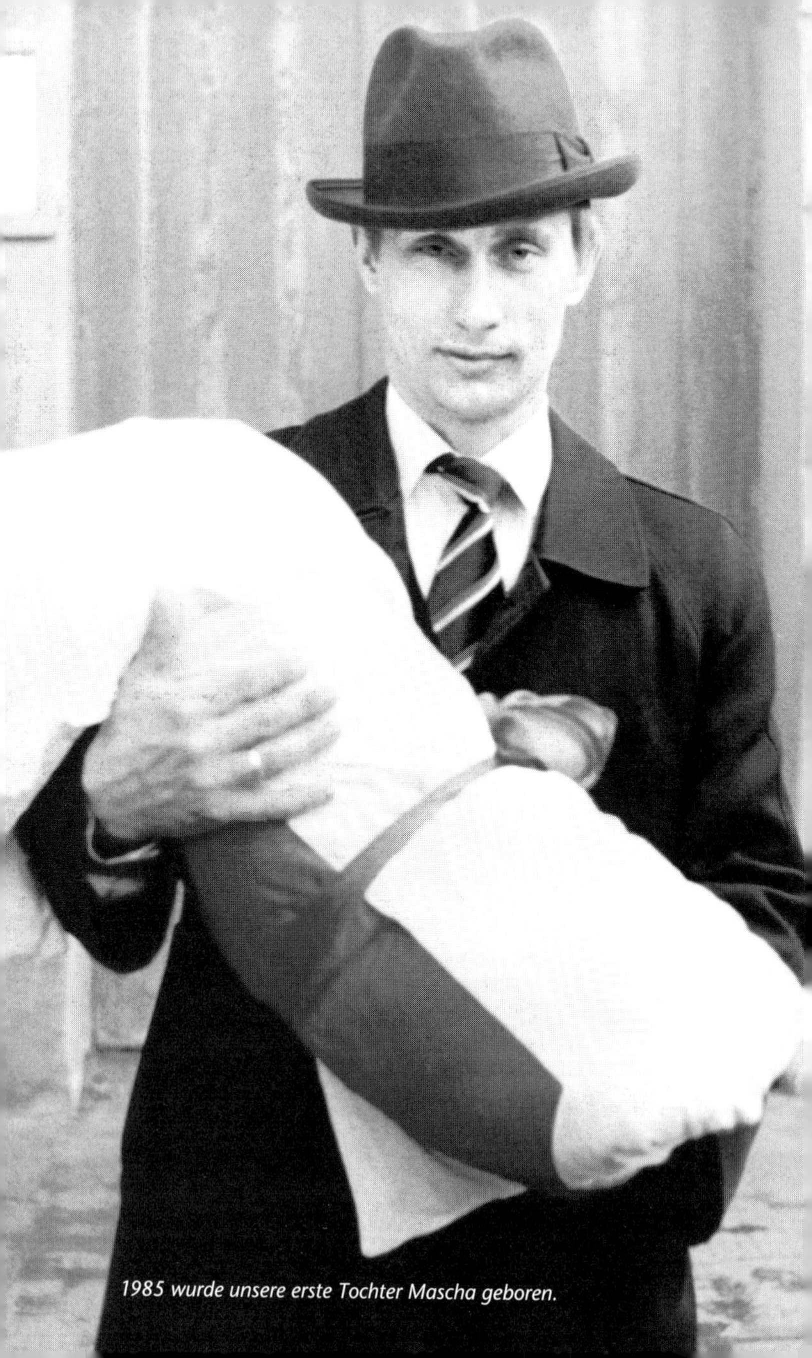

1985 wurde unsere erste Tochter Mascha geboren.

Am Rotbanner-Institut wurden nicht nur die Regeln von Geheimdienst und Abwehr vermittelt. In der Hauptsache galt es, den Studierenden zu erforschen, um seine berufliche Eignung und seine persönlichen Eigenschaften einzuschätzen. Letztendlich mussten wir entscheiden, ob er für die Arbeit beim Geheimdienst geeignet war.

Der Unterricht an unserem Institut war wie auf einem Versuchsgelände. Ich lehrte zum Beispiel die Kunst der Geheimdienstarbeit. Dabei geht es um die Fähigkeit, mit Leuten in Kontakt zu kommen, geeignete Leute auszuwählen, Fragen zu stellen, die für unser Land und unsere Regierung von Interesse sind – wenn Sie so wollen, psychologisches Gespür. Deshalb mussten wir jeden Einzelnen gründlich unter die Lupe nehmen, damit wir sicher sein konnten, dass wir uns hundertprozentig auf ihn verlassen konnten. Und am Ende der Ausbildung erhielt jeder Absolvent eine Beurteilung, die für seinen Werdegang Schicksal entscheidend war.

Alle Dozenten, angefangen vom Lehrstuhl für Abwehr bis zum Lehrstuhl für Körpererziehung, mussten ihre Meinung über die Studenten zu Papier bringen. Anschließend wurde das ganze Material dem Leiter der jeweiligen Abteilung vorgelegt, der seine eigenen Beobachtungen einbrachte und eine detaillierte Beurteilung verfasste.

Das war ein gutes Stück Arbeit mit einem Umfang von insgesamt vier maschinengeschriebenen Seiten. Aber alles war darin berücksichtigt. Sowohl die privaten als auch die beruflichen Fähigkeiten. Wir gingen ein, zwei Wochen in Klausur, machten uns an die Arbeit und schrieben uns die Finger wund... Die Beurteilung schloß mit einer Zusammenfassung über die Eignung oder

Nichteignung des Absolventen für die Arbeit beim Geheimdienst.

Als Beispiel möchte ich Ihnen von einem in gewisser Weise bedauerlichen Ereignis während meiner Tätigkeit berichten. Ich hatte einen Studenten, der die Einsatzaufgaben mit links löste. Manchmal hatte ich den Eindruck, dass er die Lösung schon vorher wusste. Sein präziser analytischer Verstand erlaubte es ihm stets, eine gute Lösung für alles zu finden.

Aber die Fähigkeit, Einsatzaufgaben zu lösen, stand damals nicht an erster Stelle. Am Ende seines Studiums schrieb ich eine Beurteilung über ihn, die eine Tätigkeit beim Geheimdienst für ihn unmöglich machte. Es spielten dabei seine persönlichen Qualitäten eine Rolle, nämlich Karrieresucht und Unaufrichtigkeit gegenüber seinen Studienkollegen.

Er war wie vom Donner gerührt, als er die ansonsten sehr positive Beurteilung las, die ihm jedoch insgesamt den Weg in die Residentur versperrte.

Ich arbeitete selbst in den Residenturen und konnte mir deshalb gut vorstellen, wie es wäre, wenn dort solch ein Mitarbeiter aufkreuzen würde. Er würde nichts als Unfrieden stiften, die Atmosphäre vergiften und somit ein effektives Arbeiten unmöglich machen. Deshalb sah ich mich veranlasst, diese Beurteilung zu schreiben.

Von Wladimir Wladimirowitsch kann man sicher nicht behaupten, dass er karrieresüchtig ist. Wenngleich ich damals einige andere nicht gerade positive Eigenschaften in seiner Beurteilung aufführte. Mir schien, dass er ein etwas verschlossener und nicht sehr geselliger Mensch war. Das kann man aber nicht nur als negative, sondern auch als positive Charaktereigenschaft auslegen. Ich erinnere mich aber negativ daran, dass er bei seiner Arbeit immer ein bisschen zu viel herumtheoretisierte. Ich will damit nicht sagen, dass er knochentrocken war. Nein, er hatte einen scharfen Verstand und war nicht auf den Mund gefallen.

Über den künftigen Einsatz eines Studenten nach seinem Abgang entschied eine einflussreiche Kommission. Jeder Absolvent musste sich dort vorstellen. Nachdem die Beurteilung vorgelesen war, bestimmte diese Kommission, in welche Abteilung des KGB der betreffende Absolvent geschickt werden sollte.

Wladimir Wladimirowitsch wurde nach Beendigung seines Studiums für die Repräsentanz des KGB in der DDR vorgesehen.

Als ich beim KGB studierte, war von Anfang an klar, dass ich auf Deutschland vorbereitet werden sollte, denn ich musste Deutsch pauken. Die Frage war nur, ob ich in die DDR oder in die BRD geschickt werden sollte.

Um in die BRD gehen zu können, musste man eine Zeitlang in der entsprechenden Abteilung des Zentralapparats gearbeitet haben. Eineinhalb, zwei oder drei Jahre lang. Das war ganz unterschiedlich. Ich überlegte mir, ob ich das machen konnte. Im Prinzip ja.

Die zweite Möglichkeit war, gleich in die DDR zu gehen. Und ich beschloss, diese Variante zu wählen.

Waren Sie damals nicht schon verheiratet?

Doch, das war ich.

»Ein unberechenbarer Lebensbegleiter«

Als ich bereits in der ersten Abteilung in Petersburg arbeitete, rief mich ein Freund an und sagte, er würde mich gerne ins Theater zu einer Vorstellung von Arkadi Raikin einladen. Karten hätte er schon, ein paar Mädchen würden auch dort sein. Wir gingen hin. Die Mädchen kamen tatsächlich.

Am nächsten Tag gingen wir wieder ins Theater. Ich hatte schon Karten besorgt. Und am dritten Tag wieder das gleiche. Mit einem der Mädchen verabredete ich mich einige weitere Male. Wir lernten uns näher kennen. Es war Ljuda, die ich später geheiratet habe.

Und wie lange hat es gedauert, bis Sie sich entschieden haben, zu heiraten?

Eine ganze Weile. Drei Jahre ungefähr. Ich war bereits 29 Jahre alt und gewohnt alles zu planen. Meine Freunde sagten schon: »Hör mal, genug damit! Heirate doch endlich.«

Aber sie haben Sie beneidet, oder?

Ja, natürlich. Aber ich hatte mich inzwischen an mein Junggesellenleben gewöhnt. Ljudmila hat diesem dann ein Ende gesetzt.

Ljudmila Putina
Ehefrau von Wladimir Putin

Ich komme aus Kaliningrad. Ich arbeitete als Stewardess bei verschiedenen Inlandsfluglinien. Es gab keine internationalen Fluggesellschaften in Kaliningrad, das zur damaligen Zeit Sperrgebiet war. Unsere Fliegereinheit war nicht sehr groß und die Kollegen waren meistens noch jünger.

Ich flog mit meiner Freundin für drei Tage nach Leningrad. Sie war auch Stewardess in unserer Abteilung. Sie lud mich zu einer Vorstellung von Arkadi Raikin in das Lensowjet-Theater ein, sie wiederum wurde von einem Bekannten eingeladen. Allein wollte sie nicht hingehen, deshalb fragte sie mich, ob ich sie nicht begleiten würde. Dieser Bekannte wusste, dass ich mitkomme, und brachte seinerseits Wolodja mit.

Meine Freundin, ihr Bekannter und ich fuhren zu dritt auf den Newski, wo sich die Theaterkasse befindet, gleich nach dem Duma-Gebäude. So ein Turm mit einer Uhr. Wolodja stand auf den Stufen, die zu der Kasse führten. Er war ganz einfach gekleidet, ich würde fast sagen ärmlich. Nicht sehr ansehnlich, auf der Straße hätte ich ihn gar nicht beachtet.

Wir sahen uns den ersten Teil der Vorstellung an. In der Pause gingen wir an die Bar. Ich war ziemlich gut gelaunt und versuchte die anderen zum Lachen zu bringen. Aber so gut wie Raikin war ich natürlich nicht und keiner hat so richtig auf meine Späße reagiert. Aber das hat mich nicht in Verlegenheit gebracht.

Nach der Aufführung verabredeten wir uns für den nächsten Tag wieder im Theater. Und so ging es drei Tage lang, denn wir waren sehr am Kulturprogramm interessiert. Wir haben schnell gemerkt, dass Wolodja Karten für jedes beliebige Theater besorgen konnte.

Am vierten Tag haben wir uns dann wieder getroffen, aber der Bekannte, der uns zusammengebracht hatte, war schon nicht mehr dabei.

Sergei Roldugin

Ich kaufte mein erstes Auto, einen *Schiguli*, das erste Modell. Damals beendete ich gerade meine Ausbildung am Konservatorium, kam zufällig in die Gruppe von Mrawinski, ging auf Tournee nach Japan und all so was. Ich hatte mehr Geld als Wowka. Von den Dienstreisen brachte ich ihm immer irgendwelche Souvenirs mit, kleine Fußbälle und solche Sachen.

Einmal wollten wir uns auf dem Newski treffen. Er sagte: »Da kommen noch zwei junge Mädchen, die mit mir dort verabredet sind. Ich werde in fünfzehn Minuten auch da sein, dann gehen wir zusammen ins Theater.« Die Mädchen waren pünktlich da, wie verabredet. Eine davon war Ljuda. Sie war sehr sympathisch. Die beiden Mädchen setzten sich zu mir in den *Schiguli* und wir warteten auf Wolodja. Es war mir sehr unangenehm, mit den beiden Frauen in meinem Auto zu sitzen. Es gingen Bekannte vorbei und sahen mich. Das war mir irgendwie peinlich. So warteten wir etwa eine Stunde. Die ganze Zeit über langweilte ich die beiden Mädchen mit meiner Unterhaltung. Jedenfalls kam mir das damals so vor, aber eigentlich hatte ich mit ihnen viel Spaß.

Endlich kam Wolodja. Er kam übrigens immer zu spät. Dann gingen wir ins Theater. Ich kann mich nicht mehr erinnern, was wir uns dort angesehen haben. Ich weiß nur noch, wie Bekannte an meinem Auto vorbeikamen und mich erkannten.

Ljudmila Putina

Am nächsten Tag besuchten wir die Leningrader Music Hall und am dritten gingen wir wieder ins Lensowjet-Theater. Drei verschiedene Vorstellungen an drei

Tagen! Am dritten Tag mussten wir uns dann verabschieden, und zwar in der Metro. Sein Freund stand etwas abseits. Er kannte Wolodja als einen Menschen, der nicht gerne über sich sprach, geschweige denn jedem gleich seine private Telefonnummer gab. Auf einmal sieht er, wie Wolodja mir im letzten Moment noch seine Telefonnummer zusteckt. Und im Weggehen sagte Wolodjas Freund noch zu mir: »Was ist los? Ist er verrückt geworden?« Das war er von Wolodja nicht gewöhnt.

Hat dieser Mann Ihnen das gesagt?

Ja.

Und hat er Ihnen gesagt, wo Putin arbeitet?

Ja. Er sagt, bei der Kriminalpolizei. Nach einiger Zeit erfuhr ich, dass er beim KGB arbeitete, beim Auslandsgeheimdienst. Damals war mir das übrigens egal, ob KGB oder Kriminalpolizei... Jetzt weiß ich, dass es da einen Unterschied gibt.

Ich sagte ihr, dass ich bei der Miliz arbeiten würde, denn die Mitarbeiter der Sicherheitsorgane, insbesondere des Geheimdienstes, erhielten irgendwelche anderen Identitäten. Wenn überall bekannt ist, wo du wirklich arbeitest, dann wird man dich natürlich nicht gerade ins Ausland schicken. Wir hatten praktisch alle Arbeitsausweise für eine Stelle bei der Kriminalpolizei. Also erzählte ich ihr dieses Märchen. Ich konnte ja nicht ahnen, dass unsere Freundschaft so lange andauern würde.

Ljudmila Putina

Bei meinem ersten Besuch in Leningrad verliebte ich mich sofort in diese Stadt, schon allein weil es mir vergönnt war, die Zeit dort auf so angenehme Weise zu verbringen. Diese Stadt hat mir unwahrscheinlich gut gefallen und es war schön für mich, dort nette Leute zu treffen.

Aber in den unscheinbaren, schlecht gekleideten jungen Mann haben Sie sich nicht verliebt?

Das kam erst später. Und wie ich mich verliebt habe! Am Anfang war das nicht so. Zuerst habe ich ihn nur angerufen.

Haben Sie ihm denn Ihre Telefonnummer nicht gegeben, wie das so üblich ist?

Ich hatte in Kaliningrad kein Telefon. Zuerst rief ich ihn an, dann flog ich zu einer Verabredung hin. Wie kommt man normalerweise zu einem Rendezvous? Mit der Straßenbahn, dem Bus oder dem Taxi. Ich flog mit dem Flugzeug hin.

Bei der Kaliningrader Fliegereinheit gab es keine Flüge nach Leningrad. Deshalb nahm ich drei, vier Urlaubstage und flog mit einer Linienmaschine. Offenbar hatte Wolodja irgendetwas an sich, das mich anzog. Schon drei, vier Monate später war ich mir darüber klar, dass er der Mann war, den ich suchte.

Warum? Sie haben doch selbst gesagt, blass und unscheinbar.

Vielleicht ist es eine innere Kraft, die auch jetzt alle anzieht.

Wollten Sie denn heiraten?

Grundsätzlich meinen Sie? Nein, eigentlich nicht. Aber ihn wollte ich heiraten.

Aber Sie haben erst dreieinhalb Jahre später geheiratet. Was haben Sie die ganze Zeit gemacht?

Ich war dreieinhalb Jahre hinter ihm her!

Und eines Tages hat er sich dann entschieden?

Eines Abends saßen wir bei ihm zu Hause und da fing er an: »So, meine Liebe, jetzt weißt du, was ich für einer bin. Eigentlich ja kein sehr angenehmer Mensch.« Und er fuhr fort, sich zu beschreiben: schweigsam, zuweilen etwas schroff, manchmal verletzend und so weiter. Kurzum, ein unberechenbarer Lebensbegleiter. »Drei Jahre lang hast du dir nun ein Bild von mir gemacht.«

Ich dachte schon, er wolle jetzt gleich von Trennung anfangen. Ich entgegnete ihm: »Ja, im Großen und Ganzen habe ich das.« Und er antwortete mir mit zweifelnder Stimme: »Hast du wirklich?« Da war ich fast überzeugt, dass wir auseinandergehen würden.

»Nun, wenn die Sache so ist: Ich liebe dich und schlage dir vor, an dem und dem Tag zu heiraten.« Das kam für mich völlig unerwartet.

Ich gab ihm mein Jawort. Nach drei Monaten waren wir verheiratet. Die Hochzeit fand in einem schwimmenden Restaurant statt, auf einem Boot, das am Ufer lag.

Wir haben dieses Ereignis sehr ernst genommen. Sogar auf dem Hochzeitsfoto schauen wir ernst drein. Die Heirat war für mich kein leichter Schritt. Ihm ging es genauso. Ich denke, wir gehören zu den Leuten, die mit der Ehe verantwortungsvoll umgehen.

Und hat er als verantwortungsvoller und konsequenter Mensch Pläne für ihr zukünftiges Leben gemacht?

Da gab es nicht viel zu planen. Wir wohnten bei seinen Eltern in einer 27 Quadratmeter großen Wohnung in einem sogenannten Schiffshaus. Wissen Sie, mit so hohen Fensterbänken. Es wäre schwierig gewesen, diese Wohnung zu tauschen, denn ein Zimmer hatte einen Balkon, und in der Küche sowie im zweiten Zimmer waren die Fenster fast auf Deckenhöhe. Wenn man auf einem Stuhl saß, sah man nicht auf die Straße hinaus, sondern man hatte die Wand direkt vor der Nase. Das wäre bei einem Wohnungstausch ein großer Nachteil gewesen.

Die Eltern wohnten in dem 15 Quadratmeter großen Zimmer mit Balkon und wir hatten die anderen 12 Quadratmeter. Die Wohnung befand sich in der Nähe von Awtowo, in einem Neubau. Wolodjas Vater hatte sie zugeteilt bekommen, weil er Kriegsversehrter war.

Verstanden Sie sich gut mit seinen Eltern?

Ja. Seine Eltern behandelten mich wie die Frau, die von ihrem Sohn auserwählt wurde. Er war ihr Ein und Alles. Sie taten alles für ihn. Mehr hätte niemand für ihn tun können. Sie legten all ihre Hoffnung in ihn. Wladimir Spiridonowitsch und Marija Iwanowna waren sehr gute Eltern.

Wie verhielt er sich seinen Eltern gegenüber?

Das Verhältnis zu seinen Eltern war beneidenswert. Er ging sehr liebevoll mit ihnen um, niemals hat er sie gekränkt. Es kam schon mal vor, dass sie mit irgendetwas einmal nicht zufrieden waren und er mit ihnen nicht einer Meinung war. In so einer Situation schwieg er lieber, um sie nicht zu verletzen.

Wie ist es Ihnen in den ersten Jahren mit ihm ergangen?

Im ersten Ehejahr waren wir ein Herz und eine Seele. Wir waren sehr glücklich miteinander. Auch später, als ich unsere erste Tochter Mascha erwartete. Sie kam zur

Welt, als ich im vierten Studienjahr war. Mein Mann ging zum Studium für ein Jahr nach Moskau.

Haben Sie sich die ganze Zeit über nicht gesehen?

Ich fuhr jeden Monat zu ihm nach Moskau. Und er kam ein, zwei Mal zu uns. Öfter war es nicht möglich.

Sergei Roldugin

Einmal kam er für ein paar Tage aus Moskau und hatte es fertiggebracht, sich den Arm zu brechen. In der Metro war ihm jemand zu sehr auf die Pelle gerückt, und er hatte das Gesindel außer Gefecht gesetzt. Mit dem Ergebnis, dass er sich den Arm brach. Judo ist ja auch kein Angriffssport!

Wolodja war darüber sehr verstimmt: »In Moskau versteht man das nicht. Ich befürchte, es gibt ein Nachspiel.« Und es kam tatsächlich zu Unannehmlichkeiten, aber er hat uns nicht in Details eingeweiht. Zum Schluss nahm dann doch noch alles ein gutes Ende.

Ljudmila Putina

Im Rahmen seiner Ausbildung sollte er für einen speziellen Auftrag nach Deutschland fahren. Ursprünglich war Berlin vorgesehen, aber dann empfahl ein Bekannter, der selbst Leningrader war, Wolodja dem Gruppenleiter in Dresden. Dieser Bekannte arbeitete in Dresden und sein Aufenthalt dort war beendet. Deshalb schlug er Wolodja seine Stelle vor. Berlin wäre natürlich viel attraktiver gewesen und auch die Arbeit viel interessanter, denn man konnte von dort aus nach West-

Berlin reisen. Aber in weitere Einzelheiten bin ich nie eingedrungen. Er hat mich ja auch nicht eingeweiht. Das war für uns kein Thema.

Sergei Roldugin

Sie passen in jeder Hinsicht gut zusammen. Sie hat keine Angst zu sagen, was sie denkt. Und sie scheut sich auch nicht, von sich selbst zu behaupten: »Manchmal kann ich richtig unangenehm werden.« Einmal kaufte ich einen Schaukelstuhl und konnte ihn nicht im Auto verstauen. Sie riet mir: »So geht's nicht. Du musst ihn umdrehen.« Aber der Schaukelstuhl passte einfach nicht ins Auto. Ich sagte zu ihr: »Ljuda, sei bitte still.« Sie bekam fast einen hysterischen Anfall und anwortete: »Warum seid ihr Männer bloß immer so borniert?«

Ljuda ist sehr praktisch veranlagt. Immer wenn ich zu den Putins kam, war sie eine perfekte Gastgeberin. Eine Frau, die sich die ganze Nacht amüsieren kann, morgens die Wohnung aufräumt, ein fantastisches Essen kocht...

Ljudmila ist fünf Jahre jünger als ich. Bevor sie Stewardess war, studierte sie an der Technischen Hochschule. Dann warf sie das Studium hin und stieg im dritten Studienjahr aus. Sie überlegte, wie sie ihre Ausbildung fortsetzen könnte. Da lernten wir uns kennen, und sicher ist sie dadurch in ihrer Entscheidung beeinflusst worden. Sie begann uns zu fragen, sich mit uns zu beraten, wo sie weiterstudieren sollte. Ich riet ihr zur Universität. Sie selber beschloss dann, an die philologische Fakultät zu gehen. Dann studierte sie

Spanisch und fing an, sich mit Sprachen zu beschäftigen. Sie lernte zwei Sprachen, Spanisch und Französisch. Es wurde auch Portugiesisch gelehrt, aber darin eignete sie sich nur Grundkenntnisse an. Dafür lernte sie in Deutschland fließend Deutsch.

Sergei Roldugin

Vor der Abreise nach Deutschland wurde Mascha geboren. Mein ehemaliger Schwiegervater besaß eine Datscha bei Wyborg, ein schickes kleines Häuschen. Als wir Ljuda aus der Entbindungsklinik abholten, fuhren wir dorthin und blieben alle dort: Wolodja, Ljuda, meine Frau und ich... Wir haben die Geburt von Mascha ausgiebig gefeiert... Abends haben wir getanzt. Wowka bewegt sich umwerfend! Trotzdem war er mir auf dem Tanzparkett nie aufgefallen.

Vor der Reise, als ich noch zur Ausbildung in Moskau war, überprüfte man Ljudmila. Zu der Zeit war noch nicht klar, wo genau ich eingesetzt werden sollte, und die Anforderungen an die Familie waren äußerst streng. Die Ehefrau musste ja zum Beispiel unter allen möglichen klimatischen Bedingungen arbeiten können. Und stellen Sie sich nur mal vor, Sie werden fünf Jahre lang unterrichtet und ausgebildet. Am Ende wird man zur Arbeit ins Ausland oder auf einen Truppenteil geschickt und die Frau kann aus gesundheitlichen Gründen nicht mitkommen. Das ist doch furchtbar!

Meine Frau wurde von oben bis unten durchgecheckt. Man hat ihr davon natürlich nichts gesagt. Erst als alles vorbei war, rief man sie in die Personalabteilung der Universität und teilte ihr mit, dass sie die Überprüfung bestanden hatte.

Und so fuhren wir nach Deutschland.

Der Spion

»Osteuropäische Provinz«

Sie kamen im Jahre 1975 zum KGB und kündigten 1991. Das waren sechzehn Jahre. Wie viele davon lebten Sie im Ausland?

Nicht ganz fünf Jahre. Ich arbeitete nur in der DDR, in Dresden. Wir zogen 1985 dorthin und gingen 1990 nach dem Fall der Mauer wieder zurück nach Russland.

Wollten Sie denn ins Ausland?

Ja.

In der DDR wie auch in anderen sozialistischen Ländern arbeitete der KGB praktisch offiziell. Einer Ihrer ehemaligen Kollegen sagte einmal, die DDR sei in Hinblick auf die Aufklärungsarbeit die reinste Provinz.

Das kann man so sagen. Übrigens ist Leningrad in dieser Hinsicht auch nicht besser. Aber in diesen Provinzen habe ich immer erfolgreich gearbeitet.

Aber es war wohl nicht wie im Actionfilm!? Wie stand es beim Geheimdienst mit der Romantik?

Vergessen Sie nicht, dass ich zur damaligen Zeit bereits zehn Jahre bei der Staatssicherheit gearbeitet hatte. Da war nichts mehr mit Romantik!

Der Geheimdienst war häufig der Teil des KGB, der eher kritisch eingestellt war. Das lag auch daran, dass viele Mitarbeiter über Jahre hinweg im Ausland lebten.

Drei Jahre in einem kapitalistischen Land oder vier, fünf Jahre in einem sogenannten sozialistischen Lager, anschließend neun Monate Fortbildungskurs in Moskau und wieder ins Ausland. Einer meiner Freunde hat zum Beispiel 20 Jahre in Deutschland gearbeitet und ein anderer sogar 25 Jahre. Wenn man zwischen zwei Dienstreisen für neun Monate nach Russland kommt, dann schafft man es nicht, in das Leben hier richtig einzusteigen. Und wenn man dann wieder ganz aus dem Ausland zurückkam, konnte man sich nur mit Mühe wieder mit der Realität hier zurechtfinden und erkannte, was bei uns vorging... Wir aber waren noch jung und hatten es mit alten Genossen zu tun. Ich meine jetzt nicht die Alten, die sich noch an die Stalinzeit erinnern, sondern Leute mit Arbeitserfahrung, sagen wir mal. Aber das war ja eine ganz andere Generation mit anderen Ansichten, Auffassungen und Beurteilungen.

Einer meiner Freunde arbeitete in Afghanistan als Gruppenleiter im Sicherheitsbereich. Als er zurückkehrte, gab es natürlich jede Menge Gesprächsstoff. Bei uns war es damals doch folgendermaßen: Alles, was mit Afghanistan zusammenhing, stieß rundum auf Begeisterung. Sehr patriotisch. Und da saßen wir nun und redeten. Ich fragte ihn, wie er die Ergebnisse seiner Arbeit in Afghanistan bewertete. Es war nämlich so, dass für das »Ausführen von Bomben- und Raketenangriffen«, wie man es zu nennen pflegt, seine Unterschrift notwendig war. Das heißt, ohne seine Unterschrift wurde keine Entscheidung hinsichtlich einer Bombardierung getroffen. Seine Antwort schockierte mich. Er sah mich eindringlich an und erklärte: »Ich will dir was sagen. Die Ergebnisse bewerte ich nach der

Anzahl der Dokumente, die ich gar nicht unterschrieben habe.« Ich war natürlich wie vom Schlag getroffen.

Nach solchen Gesprächen fängst du an zu denken, ja, umzudenken. Und so sprachen Leute, die wir verehrten, Autoritäten im positiven Sinne des Wortes. Und plötzlich ging ihre Meinung nicht mehr konform mit den allgemeingültigen, alten Mustern. Beim Geheimdienst erlaubte man sich damals, anders zu denken und auch auszusprechen, was sonst kaum jemand auszusprechen wagte.

Ljudmila Putina

Wir kamen 1986 nach Dresden. Damals hatte ich mein Studium schon abgeschlossen. Mascha war ein Jahr alt. Wir erwarteten unser zweites Kind. Katja wurde in Dresden geboren. In Deutsch hatte ich nur Schulkenntnisse, mehr nicht.

Vor der Reise erhielt ich keine besonderen Instruktionen.

Meine Gesundheit wurde gecheckt, mehr nicht. Unsere Leute arbeiteten in der DDR völlig legal. Wir wohnten in einem Haus der deutschen Staatssicherheit, der Stasi. Unsere Nachbarn wussten, wo wir arbeiteten, und wir wussten auch, was sie machten.

Aber eines ist interessant. Wir kamen an, als in der UdSSR schon die Perestroika eingesetzt hatte. Aber man glaubte immer noch fest an die lichte Zukunft des Kommunismus.

Womit konkret haben Sie sich beschäftigt?

Ich arbeitete im Bereich der politischen Aufklärung. Ich sammelte Information über Politiker und über Pläne potentieller Feinde.

Aus Fachkreisen wissen wir, dass Sie sich mit der »Geheimdienstarbeit vor Ort« beschäftigten. Ist das richtig?

So ungefähr. Obwohl man bei solch einer Formulierung an die Aufklärung vom Territorium der UdSSR aus denkt. Wir aber agierten vom ostdeutschen Territorium aus. Uns interessierte jede beliebige Information im Bereich, wie man früher sagte, des Hauptfeindes. Der Hauptfeind war für uns die NATO.

Sind Sie auch nach Westdeutschland gereist?

Während ich in der DDR arbeitete nicht. Nicht ein einziges Mal.

Und worin bestand nun Ihre Tätigkeit?

In ganz normaler Aufklärungsarbeit: Anwerben von Informationsquellen, Erhalt, Bearbeitung und Weiterleitung von Informationen an die Zentrale. Es ging um Nachrichten über politische Parteien, Tendenzen innerhalb dieser Parteien, über Parteichefs, sowohl gegenwärtige als auch mögliche zukünftige, über die Beförderung von Leuten auf bestimmte Posten in den Parteien und im Staatsapparat. Es war wichtig zu wissen, was wer wann tat, was im Innenministerium eines für uns interessanten Landes vorging, wie dieses Land seine Politik in verschiedenen Bereichen und in verschiedenen Erdteilen aufbaute. Oder – welche Haltung unsere Partner zum Beispiel bei Abrüstungsverhandlungen einnehmen würden. Um solche Informationen zu erhalten, muss man entsprechende Quellen haben. Also lief das Anwerben von Informationsquellen und das Sammeln von Informationen sowie ihre Bearbeitung und Analyse parallel. Alles Routinearbeit.

»Und kein Sport«

Ljudmila Putina

Bei uns zu Hause wurde nicht über Wolodjas Arbeit gesprochen. Ich glaube, dass diese Arbeit meinen Mann damals stark geprägt hat. Beim KGB gab es die Richtlinie, nicht mit der Ehefrau über die Arbeit zu sprechen. Es soll Fälle gegeben haben, wo übermäßige Offenheit bedauerliche Folgen nach sich zog. Man ging immer davon aus, je weniger die Ehefrau weiß, desto besser kann sie schlafen. Ich hatte ziemlich viel Kontakt mit Deutschen, und wenn eine Bekanntschaft unerwünscht war, dann hat Wolodja mir das gesagt.

War das Leben in der DDR besser als in Petersburg?

Ja. Wir kamen ja aus Russland, wo an allen Ecken und Enden Mangel herrschte, und hier gab es nun alles in Hülle und Fülle. Ich habe zwölf Kilo zugenommen. Ich wog schließlich fünfundachtzig Kilo.

Und was wiegen Sie jetzt?

Fünfundsiebzig Kilo.

Wie konnten Sie so auseinandergehen?

Ich will es Ihnen ehrlich sagen ...

Lag es am Bier?

Das war's! Wir fuhren regelmäßig in das kleine Örtchen Radeberg, wo sich eine der besten Bierbrauereien Ostdeutschlands befindet. Ich nahm eine 3-Liter-Mass. Das Bier wird hineingegossen, dann drehst du den Hahn auf und trinkst wie aus einem Fass. Und so trank ich jede Woche gut drei Liter Bier. Zur Arbeit waren es nur ein paar Schritte, da wurde ich die überflüssigen Kalorien auch nicht wieder los.

Haben Sie denn in der Zeit keinen Sport getrieben?

Dazu hatten wir keine Gelegenheit. Wir arbeiteten ja auch sehr viel.

Ljudmila Putina

Wir wohnten in einer Dienstwohnung in einem deutschen Haus. Es war ein großes Gebäude mit zwanzig Aufgängen. Unsere Gruppe hatte fünf Wohnungen in dem Haus. Nur Wolodjas Chef wohnte mit seiner Frau woanders. Und im Aufgang nebenan waren noch vier Wohnungen, in denen militärische Geheimdienstler wohnten. Die anderen waren Deutsche, Mitarbeiter des Staatssicherheitsdienstes der DDR.

Unsere Gruppe arbeitete in einem anderen Haus, einer eingezäunten deutschen Villa mit drei oder vier Etagen, ich erinnere mich nicht mehr genau daran. Von zu Hause bis hierhin waren es fünf Minuten zu Fuß. Vom Fenster seines Büros konnte Wolodja der kleinen Katja in der Kinderkrippe zuschauen. Morgens brachte er Mascha in den Kindergarten, der unmittelbar unter dem Fenster unserer Wohnung war, dann brachte er Katja in die Kinderkrippe.

Zum Mittagessen kam er immer nach Hause. Auch

die anderen Kollegen aßen zu Hause. Manchmal haben wir uns abends mit Arbeitskollegen und auch Deutschen getroffen. Mit einigen Familien waren wir befreundet. Es war immer sehr lustig. Unterhalten haben wir uns eigentlich über nichts Besonderes, wir hatten Spaß und erzählten uns Witze und Anekdoten. Wolodja kann unheimlich gut Anekdoten erzählen.

Und wenn wir frei hatten, gingen wir in die Stadt. Wir besaßen einen Dienstwagen, einen *Schiguli*. Wir hatten für ostdeutsche Verhältnisse einen ganz ordentlichen Lebensstandard. Ja, im Vergleich zum *Trabant*, den man dort fuhr, auf jeden Fall. Dort war es damals auch nicht leicht, ein Auto zu bekommen. An Feiertagen fuhren wir manchmal mit der ganzen Familie ins Grüne. Es gibt sehr viele hübsche Plätze in der Gegend um Dresden, wie zum Beispiel die Sächsische Schweiz, etwa 20 bis 30 Minuten von der Stadt entfernt. Wir gingen spazieren, dann aßen wir Würstchen und tranken Bier. Und danach ging es wieder nach Hause.

»Was hat man da nur alles über mich erfunden!«

Sie hatten einige bemerkenswerte Erfolge während Ihrer Tätigkeit in Dresden?

Alles lief bestens. Es war in Ordnung, wenn man während seines Arbeitsaufenthalts im Ausland um einen Rang hochrutschte. Ich wurde sogar zweimal befördert.

In welchem Rang kamen Sie denn in die DDR?

Ich war Hauptoperativbevollmächtigter. Der nächsthöhere Rang war Assistent des Abteilungsleiters. Und das galt schon als ganz schöner Aufstieg. Erst wurde ich Assistent und dann Chefassistent des Abteilungsleiters. Höher konnte man nicht aufsteigen. Dann kam schon die Führungsebene, und wir hatten nur einen Chef. Und als Zeichen der Anerkennung machten sie mich zum Mitglied des Parteikomitees der KGB-Repräsentanz.

Es wurde geschrieben, dass Sie an der Operation *Strahl* teilnahmen. Worum handelte es sich dabei?

Genau weiß ich das nicht. Ich habe mich damit nicht beschäftigt. Ich weiß noch nicht mal, ob diese Operation überhaupt stattgefunden hat. Ich glaube, es ging dabei um die Politführung der DDR. Und dazu hatte ich keine Beziehung.

Aber man sagt, dass Sie es waren, der den ehemaligen Sekretär des Dresdner Gebietskomitees der SED, Hans Modrow, observierte.

Ich traf Modrow einige Male auf offiziellen Empfängen. Darauf beschränkte sich auch schon unser Kontakt. Er verkehrte mit Leuten einer anderen Ebene – mit dem Befehlshaber der Streitkräfte, mit unserem Hauptverbindungsoffizier. Unsere Arbeit betraf übrigens prinzipiell nicht die Parteifunktionäre, auch nicht die unsrigen. Das war verboten.

Und Dokumente über den Eurofighter haben Sie nicht besorgt?

Ich habe mich nicht mit technischer Aufklärung befasst, denn ich war in diesem Bereich nicht tätig. Was hat man da nur alles über mich erfunden! Völliger Unsinn!

Das würde für einen Superspion reichen. Aber Sie nehmen von allem Abstand. Wofür hat man Sie dann befördert?

Für konkrete Ergebnisse meiner Tätigkeit, wie es genannt wird. Es wurde die Anzahl der realisierten Informationseinheiten gemessen. Man beschaffte eine gewisse Information aus den zur Verfügung stehenden Quellen, formulierte diese, schickte sie an die betreffende Instanz und erhielt dafür eine entsprechende Bewertung.

Sie antworten wie ein Agent, das heißt, Sie antworten gar nicht. Der ehemalige Chef des ostdeutschen Geheimdienstes, Markus Wolf, hat Sie einmal beleidigt. Er erzählte, dass die Bronzemedaille »Für Verdienste um die Nationale Volksarmee der DDR«, mit der Sie dort ausgezeichnet wurden, fast jede Sekretärin erhielt, wenn sie sich keine groben Verstöße gegen die Vorschriften leistete.

Das hat Markus Wolf schon richtig gesagt. In seinen Worten lag auch nichts Beleidigendes für mich. Im Gegenteil. Das hat nur bestätigt, dass ich mir keine größeren Schnitzer geleistet habe. Aber ich glaube, die Medaille heißt nicht: »Für Verdienste…«, sondern »Für hervorragende Verdienste um die Nationale Volksarmee der DDR«.

Erwarten Sie keine sensationellen Veröffentlichungen über Ihre Arbeit in diesem Deutschland? Jetzt, wo die Wahlen bevorstehen.

Nein… Ehrlich gesagt nicht.

Es ist ziemlich lächerlich, diesen ganzen Unsinn in den Zeitungen zu lesen. Jetzt verfolge ich nicht ohne Neugier, dass in den westlichen Staaten Agenten gesucht werden, die ich angeworben haben soll. Alles Unsinn. Unsere Freunde, wie wir die Mitarbeiter des Staatssicherheitsdienstes der DDR nannten, machten uns doch alles nach. Sie haben alles in ihren Archiven. Deshalb kann man nicht behaupten, dass ich mich mit gewissen geheimen Operationen befasst habe, die außerhalb des Blickfelds der lokalen Staatsorgane der DDR lagen, in diesem Fall der Staatssicherheitsorgane. Einen bedeutenden Teil der Arbeit erledigten wir über die Bürger der DDR. Über sie sind alle Daten erfasst. Alles ist eindeutig und transparent.

Und über alles ist der deutsche Abwehrdienst informiert.

Ich arbeitete keineswegs gegen die Interessen Deutschlands. Das ist ganz klar. Sonst hätte ich ja in kein einziges westeuropäisches Land ausreisen dürfen. Ich war damals nicht in einer vergleichbaren Position wie heute. Und ich reiste mehrfach aus, auch nach Deutschland. Mir haben sogar Mitarbeiter des Ministeriums für Staatssicherheit der DDR Briefe geschrieben, als ich schon als Vize-Bürgermeister in Petersburg arbeitete. Und auf einem Empfang sagte ich zum deutschen Konsul: »Seien Sie sich darüber im Klaren, dass ich Briefe bekomme, das sind meine persönlichen Kontakte. Ich verstehe, dass sie dort eine Kampagne gegen ehemalige Mitarbeiter des Staatssicherheitsdienstes führen, diese verhaften und aus politischen Motiven verfolgen, aber das sind meine Freunde, und die werde ich nicht aufgeben.« Er antwortete: »Wir alle verstehen, Herrn Putin. Wir haben keine Fragen an Sie. Alles ist klar.« Sie wußten genau, wer ich bin und woher ich komme. Und das habe ich auch nicht verheimlicht.

Ljudmila Putina

Natürlich unterschied sich das Leben in der DDR grundsätzlich von dem in der Sowjetunion. Saubere Straßen, blitzende Fenster, die einmal in der Woche geputzt wurden, ein reichhaltiges Warenangebot, zwar nicht so üppig wie in Westdeutschland, aber immer noch besser als in Russland. Noch eins hat mich in Erstaunen versetzt. Eine Kleinigkeit, ich weiß gar nicht, ob ich das überhaupt erzählen soll. Wissen Sie, es geht darum, wie die Deutschen ihre Wäsche aufhängen. Morgens vor der Arbeit um sieben gehen sie auf den Hof. Dort stehen diese Metallpfosten, und jede Hausfrau spannt die Leine und steckt Reihe für Reihe die Wäscheklammern auf die Wäsche. Ganz gleichmäßig.

Die Deutschen hatten einen sehr geordneten Alltag und der Lebensstandard war viel höher als bei uns. Ich denke, dass die Mitarbeiter des Ministeriums für Staatssicherheit auch mehr verdienten als unsere Leute. Das konnte man daran erkennen, wie unsere deutschen Nachbarn lebten. Wir versuchten natürlich zu sparen, denn wir wollten uns ein Auto kaufen.

Als wir zurückkamen, kauften wir uns einen *Wolga*. Ein Teil des Verdienstes wurde uns in DM, ein Teil in Dollar ausbezahlt. Aber wir haben nicht viel Geld ausgegeben, außer für Essen. Wir mussten für nichts bezahlen, wohnten in einem staatlichen Haus mit staatlichem Geschirr. Im Grunde genommen lebten wir aus dem Koffer und träumten von unserer Rückkehr in die Heimat. Wir hatten großes Heimweh! Aber wir fühlten uns auch wohl in der DDR. Vier Jahre vergingen, und nach diesen vier Jahren, die du dort verbringst, werden dir die Stadt und das Land ganz vertraut. Und als die Berliner Mauer fiel und es klar war, dass dies das Ende war, kam das furchtbare Gefühl auf, dass es das Land, das fast zu deiner Heimat geworden wäre, bald nicht mehr gibt.

»Wenn man den Teufel an die Wand malt...«

Wenn die deutsche Gegenabwehr über Ihre Aktivitäten in der DDR informiert war, wie Sie behaupten, dann bedeutet dies, dass sie auch alles über die wissen, die mit Ihnen und dem Nachrichtendienst zu tun hatten. Wurde die ganze Agentur aufgelöst?

Es gibt uns nicht mehr, alle unsere Verbindungen und Kontakte und alle Agenturnetze existieren nicht mehr. Ich selbst habe eine riesige Masse von Dokumenten verbrannt. Wir haben so viel verbrannt, dass der Ofen fast explodiert wäre.

Wir haben Tag und Nacht Sachen ins Feuer geworfen. Was noch zu gebrauchen war, wurde nach Moskau überführt. Aber das war schon nicht mehr von operativer Bedeutung oder operativem Interesse, alle Kontakte waren abgebrochen, die Arbeit mit den Informationsquellen aus Sicherheitsgründen beendet, jegliches Material vernichtet oder an das Archiv übergeben. Amen!

Wann war das?

Im Jahre 1989. Als man begann, die Verwaltung des Ministeriums für Staatssicherheit zu zerstören. Wir befürchteten, sie würden auch zu uns kommen.

Aber man kann diejenigen, die das Ministerium zerstörten, doch verstehen, finden Sie nicht?

Man kann sie verstehen, bloß die Art und Weise, in der sie ihren Protest zum Ausdruck brachten, rief Ärger hervor.

Ich beobachtete aus der Menschenmenge, was geschah. Leute drangen in die Verwaltung des Ministeriums ein. Eine Frau rief: »Suchen Sie nach einem Zugang unter der Elbe! Es werden dort Gefangene gehalten, die bis zu den Knien im Wasser stehen müssen!« Was für Gefangene? Wieso unter der Elbe!? Es gab zwar einen Isolationsraum für Untersuchungsgefangene, aber nicht unter der Elbe.

Das war natürlich eine Gegenreaktion. Ich verstand diese Leute, die es satt hatten, vom Ministerium für Staatssicherheit kontrolliert zu werden, umso mehr, weil die Stasi einen totalitären Charakter hatte. Die Gesellschaft lebte in Angst und Schrecken. Das Ministerium war für sie wie ein Ungeheuer.

Aber es war auch ein Teil der Gesellschaft und es litt an allen möglichen Krankheiten. Es arbeiteten dort die verschiedensten Leute, aber die, die ich kennen lernte, waren anständige Menschen. Mit vielen bin ich befreundet, und dass sie jetzt so drangsaliert werden, finde ich genau so ungerecht wie das, was das System des Ministeriums für Staatssicherheit seinem Volk angetan hat.

Unter den Mitarbeitern des Ministeriums gab es sicher auch solche, die Repressionen ausführten, auch wenn ich selbst das nicht feststellen konnte. Ich will nicht sagen, dass es so'was nicht gegeben hat. Aber ich persönlich habe nichts davon bemerkt.

Die DDR war für mich in gewisser Weise eine Entdeckung. Mir war, als ob ich in ein osteuropäisches Land im Zentrum Europas reiste. Es war schon gegen Ende der achtziger Jahre. Und plötzlich, durch den Umgang mit den Mitarbeitern des Ministeriums, begriff ich, dass sie selbst und auch die DDR sich in einem Zustand befanden, der in der Sowjetunion schon vor vielen Jahren geherrscht hatte.

Es war ein streng totalitäres Land nach unserem Muster und Vorbild, aber mit dreißigjähriger Verspätung. Dabei bestand die Tragödie darin, dass viele Leute aufrichtig an die kommunistischen Ideale glaubten. Damals dachte ich: Wenn sich bei uns Veränderungen bemerkbar machen, wie wirkt sich das auf die Menschen aus?

Und wenn man den Teufel an die Wand malt... Man konnte sich wirklich schwer vorstellen, dass in der DDR solche schwerwiegenden Veränderungen stattfinden würden. Das wäre niemandem in den Sinn gekommen. Und als sie begannen, waren wir uns nicht darüber im Klaren, wo das hinführen würde. Natürlich kam manchmal der Gedanke auf, dass sich dieses Regime nicht ewig halten würde.

Aber selbstverständlich spielte auch eine Rolle, dass bei uns schon die Perestroika eingesetzt hatte und viele früher tabuisierte Themen nun offen diskutiert wurden. Und in der DDR herrschte noch das absolute Tabu, die völlige Konservierung der Gesellschaft. Familien wurden zerschlagen. Ein Teil der Verwandten lebte auf der einen Seite der Mauer, der andere Teil auf der gegenüberliegenden. Alle standen unter Beobachtung. Das war natürlich nicht normal und konnte nicht gut sein.

Und Sie waren nicht davon betroffen, als das Ministerium zerstört wurde?

Die Menschen versammelten sich auch um unser Gebäude. Nun ja, die Deutschen demolierten ihre Führungsspitze, das Ministerium für Staatssicherheit. Das ist ihre eigene Sache. Aber wir waren nicht ihre Sache. Wir waren ernsthaft bedroht, denn wir verfügten über gewisse Dokumente. Aber uns würde niemand schützen.

Wir stellten uns darauf ein, uns selbst zu verteidigen, wie es zwischen unseren Behörden und unseren beiden Staaten vereinbart war. Und wir mussten unsere Bereitschaft zur Selbstverteidigung auch demonstrieren. Das hinterließ wohl den notwendigen Eindruck. Wenigstens vorübergehend.

Verfügten Sie über Wachpersonal?

Ja, einige Leute.

Haben Sie nicht versucht, nach draußen zu gehen und mit den Menschen zu reden?

Nach einiger Zeit, als die Menge wieder angriffslustiger wurde, ging ich zu den Menschen und fragte sie, was sie wollten. Ich erklärte ihnen, hier befände sich eine sowjetische Militärorganisation. Und aus der Menge fragte einer: »Warum stehen dann bei euch Autos mit deutschen Nummernschildern im Hof? Was treiben Sie da eigentlich?« Nach dem Motto, wir wissen schon Bescheid. Ich sagte, dass wir vertraglich die Erlaubnis hätten, deutsche Nummernschilder zu führen. »Und wer sind Sie? Sie sprechen so gut Deutsch!« riefen sie. Ich erwiderte, ich sei Dolmetscher.

Die Menschen waren aufgeheizt. Ich rief unsere Militärtruppe an, erklärte die Situation und erhielt die

Antwort: »Ohne Erlaubnis aus Moskau können wir nicht eingreifen. Und Moskau schweigt.« Nach einigen Stunden kamen unsere Einsatztruppen trotzdem. Und die Menschenmenge zerstreute sich. Aber dieses »Moskau schweigt.« – Ich hatte damals ein Gefühl, als ob das Land nicht mehr existierte. Mir war klar geworden, dass auch die Sowjetunion krankte. Und zwar an einer tödlichen, unheilbaren Krankheit: der Paralyse. Der Paralyse der Macht.

Ljudmila Putina

Als in der DDR die revolutionären Ereignisse um sich griffen, beobachtete ich, was mit den Menschen in unserem Haus vorging. Meine Nachbarin, mit der ich befreundet war, weinte eine ganze Woche lang. Sie beweinte den Verlust einer Idee, das Scheitern eines Leitgedankens, an den sie ihr ganzes Leben lang geglaubt hatte. Für sie war er die Lösung für alles – ihr ganzes Leben, ihre Karriere. Sie alle wurden arbeitslos, es wurde ein Arbeitsverbot verhängt. Bei Katja im Kindergarten gab es eine Erzieherin, für die der Beruf eine Lebensaufgabe war. Nach dem Fall der Mauer durfte sie nicht mehr im Kindergarten arbeiten und Kinder erziehen. Wie viele andere auch war sie eine ehemalige Mitarbeiterin des Ministeriums für Staatssicherheit. Sie machte eine schwere Krise durch, erholte sich dann irgendwie und arbeitete von da an in einem Altenheim.

Eine andere Bekannte, eine Ostdeutsche, fand Arbeit bei einer westdeutschen Firma. Dort arbeitete sie lange Zeit ziemlich erfolgreich, als ihr Chef bei einer hitzigen Diskussion äußerte, dass alle ehemaligen Ossis dumm, ungebildet und unfähig seien, kurzum Menschen zweiter Klasse. Sie hörte sich das alles an und sagte: »Ich stamme auch aus der DDR. Halten Sie mich denn auch für unfähig?« Ihr Chef schwieg, fand keine Worte, aber über ihre Arbeit konnte er sich auch nicht beklagen.

Ging es Ihnen nahe, als die Berliner Mauer fiel?

Im Grunde genommen wusste ich, dass es unvermeidlich war. Ehrlich gesagt tat es mir nur leid um die verlorene Position der Sowjetunion in Europa, obwohl mir mein Verstand sagte, dass eine Position, die nur auf Mauern basiert, nicht ewig bestehen kann. Es wäre zu wünschen gewesen, dass auf diese Ereignisse ein Wechsel folgte. Aber es war nichts Neues vorgesehen. Und das ist das ärgerliche. Sie haben einfach alles hingeschmissen und sind gegangen.

Später, nach meiner Rückkehr nach Petersburg hatte ich eine interessante Begegnung mit Kissinger, und er bestätigte ganz überraschend, was ich damals dachte. Es gab eine sogenannte Kommission »Kissinger – Sobtschak« zur Entwicklung der Stadt Petersburg und zur Anwerbung ausländischer Investoren. Kissinger kam einige Male zu uns. Ich traf ihn am Flughafen. Wir fuhren im Auto zum Amtssitz. Auf der Fahrt fragte er mich, woher ich käme und womit ich mich beschäftigte. Was für ein liebenswürdiger Mann! Er schien abgespannt, aber in Wirklichkeit sah und hörte er alles. Wir unterhielten uns mit Hilfe eines Dolmetschers. Er fragte: »Arbeiten Sie schon lange hier?« Ich antwortete: »Etwa ein Jahr.« Und dann ging der Dialog wie folgt weiter:

– Und wo haben Sie vorher gearbeitet?
– Vorher war ich beim Lensowjet.

– Und davor?
– Davor an der Universität.
– Und davor?
– Davor war ich beim Militär.
– Bei welcher Einheit?

Jetzt werde ich dich ein wenig verunsichern, dachte ich mir und sagte: »Wissen Sie, ich war beim Geheimdienst.« Und er antwortete ruhig: »Sie haben im Ausland gearbeitet?« – »Ja. In Deutschland.« – »Ostdeutschland oder Westdeutschland?« – »In Ostdeutschland.« Er sagte: »Alle hervorragenden Leute fangen beim Geheimdienst an. Auch ich war beim Geheimdienst.« Ich hatte gar nicht gewusst, dass Kissinger beim Geheimdienst gearbeitet hatte. Und das, was er dann sagte, war für mich sehr überraschend und interessant: »Sie wissen, dass man mich sehr kritisiert wegen meiner gegenwärtigen Haltung gegenüber der UdSSR. Meiner Meinung nach sollte die UdSSR nicht so schnell aus Osteuropa aussteigen. Wir verlagern das Gleichgewicht in der Welt sehr schnell, was unerwünschte Folgen bergen kann. Und das wird mir jetzt zur Last gelegt. Man sagt: Die Sowjetunion ist gegangen und alles ist normal, und ihr habt gedacht, das sei unmöglich.« Dann dachte er lange nach und fügte noch hinzu: »Ehrlich gesagt, weiß ich bis jetzt noch nicht, wieso Gorbatschow das getan hat.«

Ich hatte wirklich nicht erwartet, das von ihm zu hören. Ich habe ihm das gesagt und wiederhole es Ihnen gegenüber noch einmal: Kissinger hatte recht. Wir hätten uns viel Ärger erspart, wenn nicht eine solche übereilte Flucht stattgefunden hätte.

Der Demokrat

»Es gibt keine ehemaligen Spione«

Haben Sie nicht daran gedacht, dass auch der KGB betroffen sein könnte?

Sie meinen, weil ich später eine Tätigkeit im Zentralapparat in Moskau ablehnte? Sie wurde mir ja angeboten. Ich habe damals schon erkannt, dass dieses System keine Zukunft hat. Das ganze Land würde keine Zukunft haben. Und innerhalb dieses Systems zu sein und auf den Zerfall zu warten... Das wollte ich nicht.

Sergei Roldugin

Ich erinnere mich noch, mit welcher Bitterkeit und Entrüstung Wolodja davon sprach, wie die unseren den ganzen Geheimdienst in Deutschland aufgaben: »Das kann man doch nicht machen! Wie ist das nur möglich!? Ich kann mich ja irren, aber wie können die sich irren, die wir für die allergrößten Profis hielten?« Er war sehr enttäuscht. Ich sagte zu ihm: »Weisst du, Wolodja, red mir ja nichts ein!« Er entgegnete: »Ich trete aus dem KGB aus!« Darauf sagte ich: »Es gibt keine ehemaligen Spione!«

Wolodjas Worte klangen aufrichtig, und im Prinzip glaubte ich ihm. Aber wie kann man sich von dem Wissen, den Informationen lossagen? Natürlich kann man die Arbeit in einer solchen Organisation aufgeben, aber die Einstellung und die Denkweise werden sich deshalb nicht ändern.

Das, was wir gemacht hatten, schien völlig nutzlos gewesen zu sein. Was für einen Sinn sollte es haben zu schreiben, anzuwerben, Informationen zu sammeln? In der Zentrale las es sowieso niemand. Haben wir denn nicht davor gewarnt, was passieren kann? Haben wir denn nicht empfohlen, was man tun kann? Es kam keine Reaktion. Wer will schon für den Papierkorb arbeiten? Im Leerlauf gehen? Seine besten Jahre vergeuden? Wofür? Nur um Geld zu verdienen?

Nehmen wir zum Beispiel meine Freunde, die im Bereich der wissenschaftlich-technischen Aufklärung arbeiteten und für ein paar Millionen Dollar Informationen über wichtige Erfindungen besorgt haben. Die selbständige Entwicklung eines solchen Projekts hätte unser Land Milliarden Dollar gekostet. Meine Freunde haben die Informationen beschafft und an die Zentrale weitergeleitet. Dort hat man sie sich angeschaut und gesagt: »Ausgezeichnet. Eine Superinformation. Danke. Wir küssen euch dafür. Wir werden euch für die höchste Auszeichnung vorschlagen.« Aber die Informationen wurden nicht umgesetzt, es wurde noch nicht einmal versucht. Das technologische Niveau der Industrie ließ es nicht zu.

Kurzum, als wir im Januar 1990 aus Deutschland zurückkehrten, blieb ich noch bei der Staatssicherheit, dachte aber insgeheim über neue Perspektiven nach. Ich hatte zwei Kinder und konnte nicht einfach alles hinwerfen und mich irgendwohin aus dem Staub machen. Was hätte ich da arbeiten sollen?

Sergei Roldugin

Als Wolodja aus Deutschland zurückkam, sagte er zu mir: »Man hat mir vorgeschlagen, entweder nach Moskau zu kommen oder nach Petersburg zu gehen und befördert zu werden. Wir haben überlegt, was besser sei, und ich habe gesagt: ›In Moskau hast du nur deine Vorgesetzten um dich herum und normale Menschen gibt es dort überhaupt nicht. Der eine hat einen Onkel im Ministerium, der zweite einen Bruder, der dritte den Vater des Schwiegersohns. Und du hast dort niemanden, wie sollst du dort zurechtkommen?‹« Er dachte nach und sagte: »Aber in Moskau gibt es immerhin eine Perspektive.« Doch ich sah, dass er eher dazu neigte, sich für Petersburg zu entscheiden.

»Nun, zum Teufel damit!«

Ich begab mich gern »unter das Dach« der Leningrader Universität, um mich dort auf meinen Abschluss, die Kandidatur, vorzubereiten, aber auch, um zu sehen, wie es dort zuging, um eventuell an der Universität zu arbeiten. So wurde ich im Jahre 1990 Assistent des Rektors im Bereich internationale Kontakte. Ich arbeitete als aktive Reserve, wie man so schön sagt.

Ljudmila Putina

Über die Perestroika und alles, was 1986 bis 1988 passierte, sahen wir in Deutschland nur die Berichte im Fernsehen. Deshalb kenne ich die Begeisterung und den

Aufstieg, den die Leute in jenen Jahren erlebten, nur aus Erzählungen. Für uns blieb das alles hinter den Kulissen.

Als wir nach Hause zurückkehrten, habe ich die Veränderungen noch nicht einmal bemerkt. Immer noch die gleichen Schlangen vor den Geschäften, Einkaufsmarken, Bezugsscheine, leere Regale. In der ersten Zeit nach unserer Rückkehr war es für mich furchtbar, einkaufen zu gehen. Ich konnte nicht, wie viele andere, schauen, wo es am billigsten ist und mich anstellen. Ich sprang nur in das nächste Geschäft, kaufte das Notwendigste und ging schnellstens wieder nach Hause. Alles machte einen schrecklichen Eindruck auf mich.

Außerdem hatten wir während unserer Zeit in Deutschland keine großen Reichtümer angespart. Das ganze Geld war für das neue Auto draufgegangen. Unsere deutschen Nachbarn hatten uns zwar ihre gebrauchte Waschmaschine geschenkt, die schon zwanzig Jahre alt war. Wir nahmen sie mit nach Petersburg und sie tat noch fünf Jahre lang gute Dienste.

Die Situation am Arbeitsplatz meines Mannes änderte sich. Obwohl ich das Gefühl hatte, dass seine Arbeit in Deutschland erfolgreich gewesen war, dachte er offenbar über Alternativen nach. Mir scheint, es gab einen Moment, in dem er begriff, dass seine Lebensaufgabe sich erledigt hatte. Und es war nicht leicht, von der Vergangenheit Abschied zu nehmen und zu beschließen, in die Politik zu gehen.

Rektor der Leningrader Universität war damals Stanislaw Petrowitsch Merkurjewitsch, ein hervorragender Mann und glänzender Wissenschaftler.

An dieser Universität fing ich an, meine Dissertation zu schreiben. Ich suchte mir einen wissenschaftlichen Leiter aus, Waleri Abramowitsch Musin, einen der besten Fachleute auf dem Gebiet des internationalen Rechts. Ich wählte ein Thema zum internationalen Privatrecht und stellte einen Arbeitsplan auf.

An der Universität stellte ich die Kontakte zu meinen Freunden an der juristischen Fakultät wieder her. Einige waren dort geblieben um zu arbeiten, schrieben ihre Dissertation, wurden Dozent oder Professor. Einer hatte mich auch gebeten, Anatoli Sobtschak zu unterstützen, der zu jener Zeit Vorsitzender des Lensowjets war.

Er sagte mir, dass Sobtschak einfach niemanden Kompetentes in seiner Mannschaft hätte, dass er von Gaunern umgeben sei, und er bat mich deshalb, ihm zu helfen. »Wie soll ich ihm helfen?« fragte ich interessiert. »Geh nach der Universität zu ihm.« – »Das muss ich mir erst überlegen. Ich bin doch Mitarbeiter des KGB. Und das weiß er nicht. Ich könnte ihn kompromittieren.« – »Sprich mit ihm darüber«, riet mir mein Freund.

Man muss sagen, dass Sobtschak zu der Zeit schon ein bekannter und populärer Mann war. Ich verfolgte mit großem Interesse, was er tat und wie er es tat und auch wie er sprach. Mir gefiel zwar nicht alles, aber ich empfand großen Respekt vor ihm.

Außerdem war es vorteilhaft, dass er Dozent an der Universität gewesen war, an der ich studiert hatte. Als Student hatte ich zwar keinerlei persönlichen Kontakt zu ihm, aber später haben viele geschrieben, dass ich sein liebster Schüler gewesen sein soll. Das stimmte nicht ganz: Er war nur einer der Dozenten, die bei uns ein, zwei Semester Vorlesungen hielten.

Ich suchte Anatoli Alexandrowitsch in seinem Arbeitszimmer beim Lensowjet auf. Ich erinnere mich noch gut an diese Begegnung. Ich ging hin, stellte mich vor und erzählte ihm alles. Er war ein impulsiver Mensch und reagierte prompt: »Ich werde mit Stanislaw Petrowitsch Merkurjewitsch sprechen. Am Montag wechseln Sie zu uns. Fertig. Das ist eine schnelle Vereinbarung. Sie werden versetzt.« Ich konnte nicht umhin, ihm zu sagen: »Anatoli Alexandrowitsch, das mache ich mit Vergnügen. Das interessiert mich. Ich wünsche mir das sogar. Aber es gibt einen Begleitumstand, der vermutlich einen Hinderungsgrund für diesen Übertritt darstellt.« Er fragt: »Was für einen denn?« Ich antworte: »Ich muss Ihnen sagen, dass ich nicht nur Assistent des Rektors bin, sondern Kaderoffizier des KGB.« Er dachte nach. Das kam in der Tat unerwartet für ihn. Er dachte lange nach und sagte schließlich: »Nun, zum Teufel damit!«

Eine solche Reaktion hatte ich natürlich nicht erwartet, obwohl ich im Laufe der Jahre einiges erlebt hatte. Ich sehe ihn, den Professor, Doktor der Rechtswissenschaften, Vorsitzenden des Lensowjets, zum ersten Mal, und er spricht, wie man so schön sagt, Klartext mit mir.

Dann sagte er: »Ich brauche einen Assistenten. Wenn ich ehrlich sein soll, dann habe ich Bedenken, ins Empfangszimmer zu gehen. Ich weiß nicht, was das für Leute sind.« Damals arbeiteten Leute für ihn, die heute den üblen Ruf haben, dass sie Sobtschak keine guten Dienste geleistet hätten.

Die Burschen, die in Sobtschaks Vorzimmer saßen und damals seine unmittelbare Umgebung bildeten, gaben sich streng und hart, gemäß der besten Tradition der sowjetischen Komsomolschule. Das weckte natürlich negative Assoziationen bei den Abgeordneten hervor und führte schnell zum Konflikt zwischen Sobtschak und dem Lensowjet. Da mir das klar war, sagte ich Anatoli Alexandrowitsch, dass ich mit dem größten Vergnügen zu ihm käme, aber dann müsste ich meinem Chef beim KGB sagen, dass ich aus der Universität austrete.

Das war für mich ein sehr heikler Augenblick, einem Vorgesetzten zu sagen, dass ich den Arbeitsplatz wechseln wollte.

Ich ging zu meinem Chef und sagte: »Anatoli Alexandrowitsch hat mir angeboten, von der Universität zu ihm zu wechseln. Wenn dies unmöglich ist, dann bin ich bereit zu kündigen.« Die Antwort lautete: »Nein, warum? Geh zu ihm, arbeite in Ruhe, keine weiteren Fragen.«

»Keine weiteren Fragen«

Meine Vorgesetzten, die die Umstände begriffen, was ich Ihnen hoch anrechne, stellten mir keinerlei Bedingungen. Zwar zählte ich formal noch zu den Sicherheitsorganen, ließ mich jedoch im Verwaltungsgebäude praktisch nie blicken.

Was bezeichnend und interessant war, ist, dass die Leitung mich niemals für operative Zwecke einsetzte. Ich glaube, sie war sich darüber im Klaren, dass dies sinnlos sei. Außerdem befand sich alles in Auflösung, einschließlich der rechtsschützenden Organe.

Wladimir Tschurow
Stellvertretender Vorsitzender des Komitees für Auslandsbeziehungen am Rathaus von Petersburg
Bis 1991 waren die Arbeitszimmer im Smolny streng aufgeteilt. In den Zimmern der obersten Vorgesetzten hingen zwei Porträts, Lenin und Kirow, und bei den Beamten niedrigeren Rangs nur Lenin. Nachdem die Porträts abgenommen wurden, blieben nur leere Haken an der Wand. Jeder konnte selbst wählen, wen er anstelle der Revolutionsführer bei sich aufhängen wollte. Die meisten wählten ein Porträt von Jelzin. Putin bestellte sich eins von Peter dem Großen.

Man brachte ihm zwei Porträts zur Auswahl: ein romantisches – der junge Peter mit lockigem Haar und herausforderndem Blick, im Harnisch des »großen Botschafters«. Das zweite, das Putin dann auch auswählte, war eine Radierung, eines der letzten Porträts Peters des Großen. Ein Bild aus jenen Jahren, in denen sich seine Reformen eigentlich am stärksten durchgesetzt hatten. Damals, nach der Beendigung des Nordischen Krieges, legte Peter den Grundstein für das Russische Weltreich.

Ich glaube, Putin wählte dieses eher ungewöhnliche und unbekannte Bild nicht zufällig für sein Arbeitszimmer. Für mein Gefühl schaut Peter auf diesem Bild irgendwie finster und besorgt drein.

Einmal versuchten meine Kollegen aus den Sicherheitsorganen meine Nähe zu Sobtschak auszunutzen. Damals war Sobtschak viel auf Dienstreisen oder in der Stadt unterwegs. Ich sollte mich inzwischen um alles kümmern. Er musste eines Tages wieder mal unerwartet verreisen, aber man brauchte vorher noch dringend seine Unterschrift unter einem Dokument. Es war nicht möglich gewesen, das Dokument vorzubereiten, und Sobtschak konnte nicht länger darauf warten. Da nahm er drei leere Seiten und setzte an das untere Ende seine Unterschrift. Daraufhin gab er sie mir mit den Worten: »Erledigen Sie das.« Dann fuhr er weg.

An diesem Abend kamen meine Kollegen aus dem KGB zu mir. Wir sprachen über dies und jenes, und irgendwie ließen sie vorsichtig durchblicken, dass es doch gut wäre, wenn die Unterschrift Sobtschaks auf einem ihrer Dokumente stehen würde. Als alter Hase merkte ich gleich, woher der Wind wehte. Ich holte die Akte hervor, die Sobtschak mir gegeben hatte, schlug sie auf und zeigte den Kollegen das leere Blatt mit seiner Unterschrift. Allen war klar, dass dies ein großer Vertrauensbeweis mir gegenüber war. »Hier sehen Sie, wie sehr mir dieser Mensch vertraut. Und was möchten Sie nun?«, fragte ich sie. Sie traten unverzüglich den Rückzug an. »Keine weiteren Fragen. Entschuldigung.« Und alles löste sich in Wohlgefallen auf.

Das war jedoch eine ungewöhnliche Situation, denn ich stand immerhin beim KGB noch auf der Gehaltsliste. Mein Gehalt dort war übrigens üppiger als beim Lensowjet. Aber trotzdem traten bald Umstände ein, derentwegen ich darüber nachdachte, ob ich einen Kündigungsantrag schreiben sollte.

Der Umgang mit den Abgeordneten des Lensowjets war nicht immer leicht. Vor allem deswegen, weil sie ständig die Interessen von irgendwem einbringen wollten. Ein Abgeordneter kam einmal auf mich zu und sagte: »Weißt du, hier muss man jemandem helfen. Könntest du dieses und jenes tun?« Aber ich habe ihn einmal abgewiesen, zweimal abgewiesen. Und beim dritten Mal sagt er zu mir: »Es gibt ungute Leute hier, gewissermaßen Feinde. Die haben gewittert, dass du eigentlich ein Mitarbeiter der Sicherheitsorgane bist. Da muss man schleunigst gegensteuern. Ich bin bereit, dir dabei zu helfen, aber du musst mir auch einen Gefallen tun.«

Ich begriff, dass man mich nicht in Ruhe lassen würde und mich schlicht und einfach unter Druck setzen wollte. Und da fasste ich schweren Herzens einen Entschluss. Ich schrieb einen Kündigungsantrag. Ich hatte diese unverfrorenen Erpressungsversuche satt.

Es war für mich eine schwere Entscheidung. Obwohl ich fast ein Jahr nicht mehr bei den Organen arbeitete, war doch noch mein ganzes Leben mit ihnen verbunden. Darüber hinaus war es das Jahr 1990. Die UdSSR war noch nicht zerfallen, der Putsch im August 1991 hatte noch nicht stattgefunden, das heißt, es herrschte noch keine endgültige Klarheit darüber, worauf dieses Land zusteuern würde. Sobtschak war ohne Zweifel ein hervorragender Mann und ein einflussreicher Politiker, aber es war ziemlich riskant, seine Zukunft an ihn zu hängen. Alles konnte sich innerhalb kürzester Zeit ändern. Deshalb war es für mich nur schwer vorstellbar, was ich tun sollte, falls ich meine Arbeit im Rathaus verlieren würde. Im schlimmsten Fall hätte ich an die Universität zurückgehen können, um meine Dissertation zu schreiben und später irgendwo zu arbeiten.

Bei den Organen hatte ich eine stabile Position und ich genoss Respekt. Ich war stets erfolgreich, und trotzdem wollte ich gehen? Warum? Wozu? Ich befand mich in einem richtigen Gewissenskonflikt und musste die wahrscheinlich schwerste Entscheidung meines Lebens treffen. Ich dachte lange darüber nach, sammelte meine Gedanken, nahm mich selber an die Hand, setzte mich an den Schreibtisch und schrieb die Kündigung.

Nachdem ich sie abgegeben hatte, entschloss ich mich zusätzlich, mich öffentlich dazu zu bekennen, dass ich bei den Sicherheitsorganen beschäftigt gewesen war.

Ich bat einen Freund um Hilfe, den Regisseur Igor Abramowitsch Schadchan. Ein begabter Mann, dessen bekanntester Film *Klassenarbeit für Erwachsene* heißt. Damals arbeitete Schadchan bei uns im Fernsehstudio. Ich ging zu ihm und sagte: »Igor, ich möchte offen über meine berufliche Vergangenheit sprechen, damit das kein Geheimnis mehr ist und mich niemand mehr damit erpressen kann.«

Er zeichnete eine Sendung auf, ein Interview, in dem man mich sehr detailliert über meine Tätigkeit beim KGB befragte und darüber, was ich tat, als ich beim Geheimdienst arbeitete und so weiter. Die Sendung wurde von einem Leningrader Fernsehkanal ausgestrahlt, und als beim nächsten Mal jemand auf meine Vergangenheit anspielte, konnte ich sofort kontern: »Das ist doch Schnee von gestern. Das weiß doch jeder.«

Aber der von mir verfasste Kündigungsbrief blieb irgendwo stecken. Irgendjemand konnte sich wohl nicht zu einer Entscheidung über meine Entlassung durchringen. Und als der Putsch begann, war ich immer noch aktiver Offizier des KGB.

»Der Fahnenmast wurde mit einem Schneidbrenner durchtrennt«

Eine schon oft gestellte Frage: Erinnern Sie sich noch daran, wo Sie in der Nacht vom 18. auf den 19. August 1991 waren?

Ich war im Urlaub. Und als alles begann, hat es mich ziemlich geärgert, dass ich in diesem Augenblick was weiß ich wo war. Am 20. August machte ich mich dann auf den Weg nach Leningrad. Sobtschak und ich siedelten praktisch in den Lensowjet um. Natürlich nicht nur wir beide, dort war damals außer uns ein ganzer Haufen Leute.

Es war gefährlich, sich aus dem Gebäude des Lensowjet hinauszubewegen. Aber wir waren dennoch ziemlich aktiv: Wir fuhren ins Kirow-Werk und traten vor die Belegschaft, wir besuchten auch andere Betriebe, wobei wir uns meistens ziemlich unwohl fühlten. Wir gaben sogar unsere Waffen an gewisse Leute ab. Eine Waffe behielt ich allerdings zur Sicherheit in meinem Safe.

Das Volk stärkte uns überall den Rücken. Es war klar, dass viele Opfer gebracht werden mussten, wenn jemand die Situation ändern wollte. Das war's eigentlich. Der Putsch war beendet. Die Putschisten wurden vertrieben.

Und was dachten Sie selbst über die Putschisten?

Es war klar, dass sie mit ihren Taten das Land zerstören würden. Die Aufgabe, die sie sich gestellt hatten, war im Grunde genommen zu begrüßen, sie glaubten wahrscheinlich, die Sowjetunion vor dem Zerfall bewahren zu können. Aber die Mittel und

Wege, die sie dazu gewählt hatten, begünstigten diesen Zerfall nur. Als ich die Putschisten auf dem Bildschirm sah, wusste ich sofort, jetzt haben wir die Bescherung.

Angenommen der Putsch hätte so geendet, wie sie es sich vorgestellt hatten. Hätte man Sobtschak und Sie als Offizier des KGB nicht vor Gericht gestellt?

Ich war damals schon nicht mehr Offizier des KGB. Als der Putsch begann, habe ich gleich entschieden, auf wessen Seite ich stand. Ich wusste genau, dass ich auf Anweisung der Putschisten nirgendwohin gehen und niemals auf ihrer Seite stehen würde. Ich war mir aber auch darüber im Klaren, dass man ein solches Verhalten mindestens als Dienstvergehen einstufen würde. Deshalb schrieb ich am 20. August noch einmal eine Kündigung, um aus den Organen entlassen zu werden.

Aber auch dieses Schreiben wurde nicht gleich bearbeitet, wie bereits Ihr erster Antrag?

Ich informierte Sobtschak sofort darüber und sagte: »Anatoli Alexandrowitsch, ich habe schon eine Kündigung geschrieben, die ist irgendwo liegengeblieben. Jetzt bin ich gezwungen, sie nochmals einzureichen.« Sobtschak rief sofort bei Krjutschkow an, dann beim Chef meiner Abteilung. Und am nächsten Tag wurde mir mitgeteilt, dass die Kündigung unterschrieben war. Unser Abteilungsleiter war ein überzeugter Kommunist, der dachte: Alles, was die Putschisten veranstalten, ist richtig. Aber er war auch ein sehr gewissenhafter Mann, dem ich zur damaligen Zeit großen Respekt entgegenbrachte.

Haben Sie sich das sehr zu Herzen genommen?

Sehr! Das war ein solcher Umbruch in meinem Leben, der mit einem großen Knall kam. Aber ich konnte vorher die Bedeutung der Veränderungen, die in unserem Land abliefen, noch nicht einschätzen. Nach meiner Rückkehr aus der DDR wurde mir klar, dass in Russland etwas vor sich ging, aber erst am Tag des Putsches wurden alle Ideale und Ziele, die ich bei meinem Eintritt in den KGB hatte, wirklich zerstört.

Die Situation war natürlich unbeschreiblich schwierig für mich, da ich einen großen Teil meines Lebens bei der Staatssicherheit verbracht hatte. Aber ich hatte meine Wahl getroffen.

Wladimir Tschurow

Einige Monate nach dem Putsch wurde das Haus für Politische Schulung, das den Kommunisten gehörte, an die Stadt übergeben. Und es dauerte nicht lange, bis dort ein internationales Geschäftszentrum eingerichtet wurde. Aber mit den Kommunisten verfuhr man großzügig und überließ ihnen einen Teil des Gebäudes. Fast einen ganzen Flügel hatten die Kommunistische Partei der Russischen Föderation (KPRF), die Arbeiter- und Bauernpartei Russlands (RKRP) sowie andere kommunistische Organisationen. Auf dem Dach des Hauses befand sich ein Fahnenmast. Die Kommunisten beschlossen, ihn wie üblich zu nutzen und hissten die rote Fahne. Und jedesmal, wenn die Stadtoberen aus dem Smolny kamen, sahen sie diese Fahne. Sie war auch aus den Amtszimmern und den Büros von Sobtschak und Putin unübersehbar. Das war eine klare Provokation, und Putin beschloss, die Fahne abnehmen zu lassen.

Er erteilte den Befehl, und die rote Fahne wurde eingeholt. Aber am nächsten Tag war sie wieder da. Putin gab erneut die Anweisung, die Fahne herauszugeben. Der Kampf ging mit wechselndem Erfolg weiter. Dann gingen den Kommunisten die Flaggen aus und sie hängten etwas ganz Unflätiges an den Mast – eines der letzten Exemplare war nämlich nicht mehr rot, sondern bräunlich bis dunkelbraun. Da war Putins Geduld am Ende. Er ließ einen Kran kommen, und unter seiner persönlichen Aufsicht wurde der Fahnenmast mit einem Schneidbrenner durchtrennt.

Wann sind Sie aus der Partei ausgetreten?

Ich bin nicht ausgetreten. Die KPdSU hörte auf zu existieren, ich nahm meinen Parteiausweis, ein kleines Kärtchen, legte es auf den Tisch – und da liegt er noch heute.

Wie hat Petersburg das Jahr 1993 überstanden?

Alles lief fast genauso ab wie in Moskau, nur dass nicht geschossen wurde. Das Rathaus befand sich zu der Zeit schon im Smolny und die Abgeordneten im Lensowjet.

Das heißt, in Petersburg lief quasi der gleiche Konflikt ab, den Jelzin mit dem Obersten Sowjet hatte?

Ja. Aber im Gegensatz dazu kam es damals nicht zu einer Spaltung der rechtsschützenden Organe wie 1991. Die Leitung der Verwaltung des FSB, die damals Wiktor Tscherkesow hatte, erklärte sich von Anfang an bereit, den Bürgermeister zu unterstützen. Sie führte eine Reihe von Maßnahmen durch, z. B. die Verhaftung von Extremisten, die provozierten, sich versammelten, um etwas in die Luft zu jagen und die Lage zu destabilisieren. Und damit war die Sache dann beendet.

»Er wirkte seelisch ausgebrannt«

Marina Jentalzewa

Wladimir Putins Sekretärin von 1991 bis 1996

Das erste Mal sah ich Wladimir Wladimirowitsch Putin durch die Glastür meines Arbeitszimmers. Ich schminkte mich gerade. Plötzlich sehe ich den neuen Chef des Komitees für Auslandsbeziehungen über den Korridor kommen. Ich denke: »Das war's wohl. Jetzt übernimmt er mich bestimmt nicht.« Aber es ist noch einmal gut gegangen. Er tat, als hätte er es nicht bemerkt. Und ich werde mich am Arbeitsplatz bestimmt nie mehr schminken.

Ich kann nicht behaupten, dass er ein strenger Chef war. Nur menschliche Dummheit konnte ihn gehörig aus der Fassung bringen. Dummheit, jawohl. Aber er wurde niemals laut. Er konnte streng und fordernd sein, ohne die Stimme zu erheben. Wenn er eine Aufgabe stellte, war es ihm nicht sonderlich wichtig, wie das ablaufen und wer sich darum kümmern sollte oder welche Probleme sich dabei ergeben konnten. Es musste einfach erledigt werden und fertig.

Wladimir Tschurow

Im Jahr 1991 beschloss Sobtschak, im Lensowjet ein Komitee für Auslandsbeziehungen zu bilden, mit Wladimir Putin an der Spitze.

Zu der Zeit war die Situation des Außenhandelssystems der Stadt die gleiche wie im ganzen Land: Es herrschte ein staatliches Monopol, es gab bevollmächtigte Firmen, Giganten wie *Lenfintorg* oder *Lenwnesch-*

torg. Es fehlten noch sämtliche Zoll-, Bank-, Investitions-, Börsen- und andere Strukturen.

Möglichst schnell mussten die Voraussetzungen für eine Kooperation mit dem Westen unter den Bedingungen der Marktwirtschaft geschaffen werden. Das Komitee begann, in Petersburg die ersten Vertretungen westlicher Banken zu unterstützen. Unter maßgeblicher Beteiligung der Stadt eröffneten Repräsentanzen der *Dresdner Bank* und der *Banque Nationale de Paris.*

Die Bemühungen der Stadtverwaltung richteten sich unter anderem auf die Anwerbung ausländischer Investoren. Auf Initiative des Komitees wurden Industriegebiete geschaffen, die sich auch heute noch erfolgreich entwickeln. Da sind zum Beispiel der *Parnas* und die *Pulkower Höhen.*

Es wurde ein Konzept ausgearbeitet: Der Großinvestor *Coca-Cola* erwirbt ein Grundstück, sorgt auf den Pulkower Höhen für eine großdimensionierte Erschließung der Infrastruktur, das heißt, dass im voraus eingeplant ist, dass sich in der Nähe weitere Unternehmen ansiedeln. So wurde es auch gemacht.

Nachdem Coca-Cola dieses Grundstück gekauft hatte, etablierten sich gleich daneben *Gilette* und *Wrigley's*, und es wurde eine pharmazeutische Produktion aufgebaut. So bildete sich in der Stadt eine Wirtschaftszone mit einem Investitionsvolumen von inzwischen mehr als einer halben Milliarde US-Dollar.

Das Komitee beteiligte sich aktiv an der Modernisierung der Infrastruktur, um die Voraussetzungen für erfolgreiche Geschäfte zu schaffen. Das erste große Projekt, das von Putin unterstützt wurde, war die Verlegung eines Glasfaserkabels nach Kopenhagen. Dieses Superprojekt war noch zur Zeit der Sowjetunion begonnen, jedoch nicht zum Abschluss gebracht worden. Jetzt konnte es erfolgreich beendet werden. Die Stadt Petersburg erhielt somit ein internationales Fernmeldesystem nach modernstem Standard.

Allerdings gab es ein Personalproblem. Nur sehr wenig Fachleute verfügten über Fremdsprachenkenntnisse. Auf Initiative Putins und mit Unterstützung Sobtschaks wurde deshalb an der Leningrader Universität eine Fakultät für internationale Kontakte gegründet. 1994 wurden die ersten Studenten aufgenommen. Und jetzt arbeiten die Absolventen dieser Fakultät bereits in unserem Komitee sowie in anderen Organisationen.

In der Petersburger Presse wurde viel von einem Skandal in Zusammenhang mit der Lieferung von Lebensmitteln berichtet. Worum ging es da?

Es war tatsächlich so, dass Leningrad 1992, als im ganzen Land eine Versorgungskrise herrschte, mit großen Problemen zu kämpfen hatte. Damals legten unsere Geschäftsleute folgenden Plan vor: Sie bekommen die Erlaubnis, ihre Waren, hauptsächlich Rohstoffe, im Ausland zu verkaufen, und dafür verpflichten sie sich, Lebensmittel zu liefern. Wir hatten keine andere Wahl. Deshalb stimmte das Komitee für Auslandsbeziehungen, dem ich vorstand, diesem Vorschlag zu.

Wir erhielten die Erlaubnis des Regierungsvorsitzenden und formulierten eine entsprechende Weisung. Das Projekt lief an. Die Firmen exportierten Rohstoffe. Selbstverständlich waren alle notwendigen Formalitäten erfüllt und die Ausfuhrdokumente lagen vor. Das heißt, der Zoll gab ohne die entsprechenden Begleitdokumente nichts zur Ausfuhr frei.

Damals spekulierte man viel darüber, dass Seltenerdmetalle exportiert wurden. Es wurde nicht ein Gramm irgendeines Metalls ausgeführt. Ausfuhrgüter, die einer besonderen Erlaubnis bedurften, gab der Zoll nicht frei.

Leider hielten sich einige Firmen nicht an die Hauptbedingungen des Vertrags. Sie führten im Gegenzug keine Lebensmittel aus dem Ausland ein oder zumindest nicht in vollem Umfang. Sie verletzten ihre Verpflichtungen gegenüber der Stadt.

Es wurde eine Abgeordnetenkommission mit Marina Salié an der Spitze gegründet. Sie leitete die Sonderuntersuchung.

Es gab faktisch gar keine Sonderuntersuchung. Das war auch gar nicht möglich. Auf strafrechtlichem Weg konnte niemand belangt werden.

Worauf beruht dann diese ganze Korruptionsgeschichte?

Ich glaube, dass ein Teil der Abgeordneten diesen Skandal ausnutzen wollte, um Druck auf Sobtschak auszuüben, damit er mich entließ.

Aus welchem Grund sollte er Sie entlassen?

Weil ich ein ehemaliges Mitglied des KGB war. Aber ich glaube, dahinter steckten noch andere Motive. Einige Abgeordnete kooperierten direkt mit den Firmen, die an diesen Geschäften verdienen wollten. Das Ganze lief nun aber nicht so glatt über die Bühne, und da haben sie einen bösen KGBler gesucht, der störte und den man entfernen musste. Meine Stelle wollten sie dann mit jemandem von ihren Leuten besetzen.

Ich glaube, die Stadt hat nicht alles getan, was in ihrer Macht stand. Man hätte enger mit den rechtsschützenden Organen zusammenarbeiten und das Versprochene vehement einfordern müssen. Aber diese Leute dem Gericht zu übergeben, war sinnlos. Die Vorwürfe lösten sich im Nu auf. Die Firmen beendeten ihre Tätigkeit und führten die Waren aus. Im Wesentlichen mussten sie nichts vorweisen. Erinnern Sie sich an jene Zeit zurück, als auf Schritt und Tritt neue Geschäftsgebäude entstanden, Finanzpyramiden, die Firma »MMM«... Das hatten wir nicht erwartet.

Sie müssen verstehen, wir beschäftigten uns ja noch nicht mit dem Handel. Das Komitee für Auslandsbeziehungen trieb selbst keinen Handel, kaufte nichts und verkaufte nichts. Es war auch keine Außenhandelsorganisation!

Und was war mit der Vergabe von Lizenzen?

Wir hatten nicht das Recht, Lizenzen zu erteilen. Das ist ja gerade der springende Punkt. Lizenzen wurden nur von den Unterabteilungen des Ministeriums für Außenhandelsbeziehungen ausgestellt. Das war eine föderale Struktur, die mit der Stadtverwaltung überhaupt nichts zu tun hatte.

Sergei Roldugin

Wolodja hatte sich sehr verändert, seit er im Rathaus arbeitete. Wir sahen uns nur noch selten. Er war sehr beschäftigt, ging früh aus dem Haus und kam erst spät in der Nacht zurück. Dann war er natürlich müde. Sogar als wir einmal auf der Datscha grillten, wanderte er in Gedanken versunken am Zaun entlang. Er war irgendwie in einer anderen Welt. Er befasste sich in seinem

Kopf mit den Petersburger Geschäften und wirkte seelisch irgendwie ausgebrannt auf mich. Er wurde zum Pragmatiker.

Marina Jentalzewa

Die Putins hatten einen Hund, einen kaukasischen Schäferhund. Er hieß Malysch. Der Hund lebte auf der Datscha und grub ständig Gänge unterm Zaun durch, um zu entkommen.

Als er es eines Abends wieder einmal geschafft hatte, wurde er von einem Auto angefahren. Ljudmila Alexandrowna fing ihn ein und fuhr mit ihm in die Tierklinik. Von dort aus rief sie im Sekretariat ihres Mannes an und wollte mit ihm verbunden werden. Man hatte leider nichts mehr für den Hund tun können.

Ich ging in Wladimir Wladimirowitschs Büro und sagte zu ihm: »Ich muss Ihnen etwas sagen: Malysch ist gestorben.« Ich schaute ihn an, aber auf seinem Gesicht war keine Regung zu sehen. Darüber war ich so verwundert, dass ich es mir nicht verkneifen konnte, ihn zu fragen: »Wissen Sie es etwa schon?« Daraufhin sagte er ganz ruhig: »Nein, ich höre das jetzt gerade zum ersten Mal.« Und da war mir klar, dass ich ins Fettnäpfchen getreten war.

Im Grunde ist er ein sehr emotionaler Mensch. Wenn es nötig ist, kann er seine Gefühle verbergen. Aber er kann auch loslassen.

»Wir sind dem ›Einmaligen‹ begegnet, aber jetzt ist es Zeit zu gehen«

Einmal waren wir in Hamburg und besuchten mit Freunden eine Erotik-Show. Diese konnte man übrigens kaum als erotisch bezeichnen, denn dazu fehlte darin schlichtweg das Gefühl. Wir waren mit unseren Frauen dort! Sie hatten mich auch dazu überredet: »Los, geh mit uns irgendwohin, wo es was zu sehen gibt...« Sie waren zum ersten Mal im Ausland. »Muss das sein?« – »Ja, unbedingt! Wir sind schon erwachsen!« – »Gut, einverstanden, wenn ihr unbedingt wollt.«

Wir gingen in ein Lokal und setzten uns an einen Tisch. Die Show begann. Es traten afroamerikanische Künstler auf, ein kräftiggebauter Schwarzer, wohl um die zwei Meter groß, und eine eher zierliche dunkelhäutige Schönheit. Sie haben sich zu märchenhaften Klängen ausgezogen und sich dabei alle Zeit der Welt gelassen. Und dann ging's los. Plötzlich sah ich, wie die Frau meines Freundes – den Blick unverwandt auf das Pärchen gerichtet – sich vom Stuhl erhob und ohnmächtig zusammensank. Sie hatte Glück, dass ihr Mann sie im letzten Moment auffing, sonst wäre sie auf den Kopf gefallen.

Als sie wieder zu Bewusstsein kam, brachten wir sie in den Waschraum, um ihr das Gesicht zu kühlen. Mittlerweile waren die Künstler mit ihrem Auftritt fertig. Sie kamen gerade von der Bühne und gingen an uns vorbei, so wie Gott sie geschaffen hatte. Kaum sah unsere Freundin die beiden, bekam sie wieder einen Ohnmachtsanfall!

Wir setzten uns wieder an unseren Tisch. Ich fragte sie: »Na, wie geht's?« Sie wendet die Augen ab und antwortet: »Mir liegt wohl was im Magen.« – »Ich weiß, was dir im Magen liegt. Lass uns lieber gehen.« – »Nein, nein, alles in Ordnung, wirklich, es geht schon.« Ich erwiderte nur: »Nichts ist in Ordnung, lass uns gehen, wir haben genug zugeschaut und sind dem ›Einmaligen‹ begegnet. Aber jetzt ist es Zeit zu gehen.«

Ich war in unserer Gruppe so eine Art Fremdenführer, der auch Deutsch sprach. Außerdem war ich nicht das erste Mal in Hamburg. Und ob Sie's glauben oder nicht, ich musste auch dienstlich das Rotlichtmilieu erforschen. Damals versuchten wir, Ordnung in das Glücksspielgeschäft in Petersburg zu bringen.

Zu der Zeit vertrat ich die Auffassung, dass der Staat das Monopol auf das Glücksspielgeschäft haben sollte. Ich stimmte also mit dem bereits bestätigten Gesetz, das hier kein Monopol vorsah, nicht überein. Darüber hinaus hätte ich mir gewünscht, dass die Stadt in Vertretung des Staates eine strenge Kontrolle über diesen Bereich ausüben sollte.

Zu diesem Zweck gründeten wir ein städtisches Unternehmen, das zwar keine Casinos besaß, jedoch 51 Prozent der Aktien der Spielhöllen unserer Stadt hielt. An dieses Unternehmen waren die Vertreter aller wichtigen Überwachungsorganisationen angegliedert: FSB, Steuerpolizei, Steuerinspektion. Es war geplant, dass der Staat als Aktionär eine Dividende aus 51 Prozent der Aktien erhalten sollte.

In Wirklichkeit aber ging die Rechnung nicht auf, denn man konnte zwar ein Aktienpaket besitzen, aber dabei unter Umständen noch lange keine Kontrolle haben. So versickerte das ganze Geld in illegalen Kanälen.

Die Casino-Besitzer meldeten uns nur ihre Verluste. Also in dem Moment, als wir den Gewinn berechneten und beschlossen, wofür er verwendet werden sollte, zum Beispiel für die Entwicklung der kommunalen Wirtschaft oder für die Erhaltung sozialer Einrichtungen, lachten sie uns aus und behaupteten, sie hätten nur Verluste. Ein typischer Fehler von Leuten, die es zum ersten Mal mit dem freien Markt zu tun hatten.

Später dann, insbesondere zur Zeit der Wahlkampagnen von Anatoli Sobtschak im Jahre 1996, versuchten unsere politischen Gegner, uns kriminelles Handeln nachzuweisen und uns der Korruption zu beschuldigen. Es hieß, das Rathaus habe seine Finger im Glücksspielgeschäft. Das war wirklich absurd! Alles, was wir taten, konnte man jederzeit einsehen.

Es läßt sich freilich darüber streiten, ob unser Vorgehen vom wirtschaftlichen Standpunkt aus gesehen richtig war. Das Konzept stellte sich als ineffektiv heraus und man konnte damit die anvisierten Ziele nicht verwirklichen. Schließlich muss man zugeben, dass das Konzept nicht ausgefeilt genug war.

Wenn ich noch in Petersburg arbeiten würde, dann würde ich diese Casinos am liebsten in Grund und Boden stampfen. Ich würde jeden Besitzer zwingen, für das Gemeinwohl der Gesellschaft zu arbeiten und seine Einnahmen mit der Stadt zu teilen. Dieses Geld würde dann Rentnern, Lehrern und Ärzten zugute kommen.

»Mit einem ohrenbetäubenden Knall«

Wladimir Tschurow

Während eines Besuchs des Vizepräsidenten der Vereinigten Staaten, Al Gore, kam es zu einem unangenehmen Zwischenfall, als wir ihn vom Flughafen abholten. Ein Mitarbeiter des Generalkonsulats der USA in Petersburg war einem Mitarbeiter der Stadtverwaltung gegenüber ruppig. Ich erinnere mich nicht mehr genau, was passierte, auf jeden Fall hatte er den Befehlshaber des Distrikts grob zu Seite gestoßen. Später erfolgte eine offizielle Erklärung Putins, dass wir diesen Mann nicht bei der Stadtverwaltung empfangen könnten.

Zur Lösung des Konflikts kam der Botschafter der USA nach Russland. Kurze Zeit später wurde nicht nur dieser Mitarbeiter abberufen, sondern auch noch der Generalkonsul. Das ganze diplomatische Korps begann Putin sehr zu respektieren.

Im März 1994 passierte in Hamburg ein zweiter internationaler politischer Skandal. Der Präsident von Estland, Lennart Meri, der übrigens mit Putin und Sobtschak gut bekannt war, erlaubte sich bei einem öffentlichen Auftritt auf einem Seminar der Europäischen Union einige grobe Ausfälle gegenüber Russland. Putin war mit anderen russischen Diplomaten im Saal. Als Meri sich zum wiederholten Mal grob über die Okkupanten äußerte, womit er Russland meinte, konnte Putin sich nicht mehr beherrschen. Nach den Worten Meris stand er demonstrativ auf und verließ den Saal. Das war äußerst beeindruckend. Alle saßen im Rittersaal mit zehn Meter hohen Decken, und als er hinausging, hallte in der Stille jeder Schritt unter dem Gewölbe des

Saals. Zu guter Letzt schlug die riesige Eisentür mit einem ohrenbetäubenden Knall hinter ihm zu. Putin berichtete später, dass er versucht hatte, die Tür festzuhalten, sie ihm aber aus der Hand geglitten sei. Unser Außenministerium billigte später sein Verhalten.

Marina Jentalzewa

Mich hat es immer fasziniert, wie ruhig Wladimir Wladimirowitsch mit hochgestellten Persönlichkeiten oder ausländischen Delegationen umgehen konnte. Normalerweise kommt ein Gefühl der Befangenheit oder der Verlegenheit auf, wenn man es mit hohen Persönlichkeiten zu tun hat. Wladimir Wladimirowitsch war ihnen gegenüber immer ungezwungen. Ich beneidete ihn und überlegte mir, wie ich das auch lernen könnte.

Ich wunderte mich erst recht darüber, als mir seine Frau sagte, dass Wladimir Wladimirowitsch von Natur aus ein eher schüchterner Mensch sei und er lange an sich arbeiten musste, um im Umgang mit Menschen wenigstens unbefangen zu wirken.

Es ist nicht schwer, sich mit ihm zu unterhalten. Auf den ersten Blick wirkt er zwar sehr ernst, aber im Grunde kann man mit ihm auch scherzen. Zum Beispiel sagte er einmal zu mir: »Rufen Sie in Moskau an und vereinbaren Sie einen festen Termin, damit ich dann nicht im Empfangszimmer herumsitzen und unnötig Zeit verlieren muss.« Ich antwortete ihm: »Sie meinen, so wie in Ihrem Empfangszimmer.« Da sah er mich streng an und sagte mit verschmitztem Unterton: »Marina!«

Mit seiner Frau Ljudmila Alexandrowna hatten wir auch ein sehr gutes Verhältnis. Es war wie unter guten Bekannten. Einmal war ich bei ihr zu Besuch und wir saßen in der Küche und tranken Tee. Da rief Wladimir Wladimirowitsch an. Sie sagte: »Ich trinke gerade Tee mit Marina.« Und er fragte sie wohl: »Mit welcher Marina?«, denn seine Frau antwortete: »Mit welcher, mit welcher? Na, mit deiner!«

Wir kamen uns nach Ljudmila Alexandrownas Unfall näher.

»Es tat ein bisschen weh und ich war schrecklich müde«

Im Jahr 1994 nahm ich an den Verhandlungen mit Ted Turner und Jane Fonda zur Organisation der *Goodwill Games* in Petersburg teil. Ich begleitete die beiden auf allen Gesprächen. Der Terminplan war gesteckt voll.

Plötzlich kam ein Anruf aus meinem Sekretariat. Meine Frau hatte einen Unfall. Ich fragte: »Ist es schlimm?« – »Nein, nicht so schlimm. Sie wurde auf jeden Fall mit dem Notarztwagen abgeholt und ins Krankenhaus gebracht.« – »Ich werde versuchen, mich von den Verhandlungen abzuseilen und ins Krankenhaus fahren.«

Als ich dort eintraf, sprach ich gleich mit dem Chefarzt, der mir versicherte: »Keine Angst, es ist nicht gefährlich. Wir legen eine Schiene an, und alles wird wieder gut.« Ich fragte noch mal: »Sind Sie ganz sicher?« – »Absolut sicher.« Und ich machte mich wieder auf den Weg.

Ljudmila Putina

Ich fuhr mit unserem *Schiguli* vorschriftsmäßig bei Grün über die Ampel. Auf dem Rücksitz schlief Katja. Plötzlich fährt ein Auto mir mit einer Geschwindigkeit von etwa 80 km/h in die Seite. Ich hatte es nicht kommen sehen. Ich fuhr bei Grün und hatte nur geradeaus geschaut. Ich hätte dieses Auto gar nicht rechtzeitig bemerken können. Es kam bei Rot hinter einem an einer Ampel stehenden Auto hervorgeschossen.

Zum Glück war nur die Karosserie betroffen. Hätte es die Vorder- oder die Hintertür des Wagens erwischt, dann hätte einer von uns dabei getötet werden können.

Eine halbe Stunde lang war ich bewusstlos, dann kam ich wieder zur Besinnung, wollte weiterfahren, begriff langsam, dass das unmöglich war. Es tat ein bisschen weh und ich war schrecklich müde. Als ich im Notarztwagen lag und man mir ein Beruhigungsmittel gab, dachte ich: »O Gott, jetzt kann ich mich endlich ausschlafen!« Vorher hatte ich einige Wochen lang immer schlecht geschlafen.

Nach dem Aufwachen dachte ich natürlich als erstes an meine Tochter. Ich erkundigte mich sofort: »Was ist mit meinem Kind? Hinter mir saß mein Mädchen.« Und einem Passanten, der gerade in der Nähe stand, gab ich die Telefonnummer von Wolodjas Assistenten Igor Iwanowitsch Setschin, damit er Katja abholen sollte, weil das alles praktisch drei Minuten vom Smolny entfernt passiert war. Eine Frau hatte ganz besonders Anteil genommen. Sie war es auch gewesen, die den Notarzt benachrichtigt hatte und schließlich Setschin anrief und sich um meine Tochter kümmerte. Sie war die ganze Zeit dabei. Sie hinterließ ihre Telefonnummer, aber sie ging verloren. Wie bedauerlich. Ich werde ihr immer zu Dank verpflichtet sein. Wenn ich nur wüßte, wo diese Telefonnummer ist?

Der Notarztwagen wurde sofort gerufen, aber er kam erst nach 45 Minuten. Der Arzt stellte schon am Unfallort fest, dass die Wirbelsäule gebrochen war.

Dann wurde ich ins Krankenhaus gebracht. Das Krankenhaus hatte etwas Unheimliches. Als ob die Leute hier hauptsächlich zum Sterben herkamen. Auf dem Gang standen lauter Bahren mit Toten. Das werde ich mein ganzes Leben nicht vergessen! Das Krankenhaus hieß: »Benannt nach dem 25. Jahrestag des Oktober«.

Ich hatte mich nicht getraut dem Notarzt zu sagen, dass sie mich in das Militärkrankenhaus bringen sollten, zu Juri Leonidowitsch Schewtschenko, und so brachten sie mich in dieses Bereitschaftskrankenhaus. Hierher wurden alle Leute mit Unfallverletzungen gebracht. Und wenn ich dort geblieben wäre, wäre das wohl mein Ende gewesen. Erstens hatten sie nicht vor, mich an der Wirbelsäule zu operieren – ich glaube, sie wollten es deshalb nicht, weil sie es gar nicht konnten. Und zweitens hatten sie den Schädelbasisbruch gar nicht bemerkt. Im besten Fall wäre ich mit einer posttraumatischen Meningitis mit letalem Ausgang weggekommen!

Marina Jentalzewa

Im Sekretariat rief eine Frau an und sagte: »Ljudmila Alexandrowna hat mich gebeten, Sie anzurufen. Sie hatte einen Unfall.« Was sollte ich in dieser Situation jetzt tun? Wladimir Wladimirowitsch war nicht in seinem Büro, sondern nahm an den Verhandlungen teil. Wir liehen uns den Wagen eines seiner Stellvertreter und holten Katja zu uns ins Sekretariat, ins Smolny. Ich fragte sie:

»Katja, Kleines, was ist passiert?« Sie sagte: »Ich weiß es nicht, ich habe geschlafen.« Sie hatte auf dem Rücksitz gelegen und im Augenblick des Aufpralls wahrscheinlich runtergefallen und hatte sich dabei den Kopf gestoßen.

Das erste, an das ich dachte, war: Ljudmila Alexandrowna ist immerhin in ärztlicher Obhut, das ist schon mal gut. Aber auch das Mädchen musste von einem Arzt untersucht werden, denn sie zeigte verlangsamte Reaktionen und hatte einen Bluterguss. Ich ging mit Katja zum Arzt, bei uns im Smolny. Er riet uns, den Kinderarzt aufzusuchen. So fuhren wir in die Kinderklinik, um auszuschließen, dass sie eine Gehirnerschütterung hatte. Aus dem Arzt war keine vernünftige Auskunft herauszubekommen. Das einzige, was er sagte, war, dass das Kind Ruhe bräuchte. Er fragte Katja, was denn passiert sei, aber sie war nicht in der Lage, etwas darüber zu erzählen. Wahrscheinlich stand sie noch unter Schock.

Der Fahrer, der Katja gebracht hatte, sagte, dass Ljudmila Alexandrowna bei Bewusstsein war, als sie vom Notarzt ins Krankenhaus gebracht wurde. Das beruhigte mich und ich dachte: Dann kann nichts Schlimmes passiert sein. Anschließend rief ich im Krankenhaus an und fragte nach der Diagnose. Sie erwähnten weder den Bruch der Wirbelsäule noch den Schädelbasisbruch.

Wir hegten jedoch unsere Zweifel. Wladimir Wladimirowitsch bat mich, Juri Leonidowitsch Schewtschenko im Militärkrankenhaus anzurufen. Dies tat ich sofort. Er war nicht da. Ich rief ein zweites Mal an, ein drittes, viertes, fünftes Mal. Er war nie zu erreichen. Erst sehr spät am Abend bekam ich ihn an den Apparat. Unverzüglich schickte er seine Leute los, damit sie Ljudmila Alexandrowna in seine Klinik bringen sollten. Sie wurde dann auch gleich abgeholt.

Doktor Schewtschenko, der jetzige Gesundheitsminister, ist für Sie kein Unbekannter?

Nein, aber wir waren trotz dieser Geschichte mit meiner Frau nicht besonders eng mit ihm befreundet. Er ist eben ein Arzt mit Leib und Seele. Vor vier Jahren, 1996, zur Zeit des ersten Tschetschenien-Krieges, operierte er einem Soldaten eine Kugel aus dem Herzen. Ein stumpfes Geschoss geriet in den Herzmuskel. Der Soldat überlebte. Schewtschenko operiert immer noch. Er fliegt sogar am Wochenende manchmal nach Petersburg und operiert. Ein Arzt mit Leib und Seele!

Ljudmila Putina

Ich wurde von Waleri Jewgenjewitsch Parfenow in die andere Klinik gebracht. Er hat mir das Leben gerettet, indem er mich direkt aus dem Operationssaal des Krankenhauses entführte. Bei dem Unfall war mir auch noch ein Ohr zerfetzt worden. Die Ärzte beschlossen, es wieder zusammenzuflicken, ließen mich aber anschließend völlig nackt in halb bewusstlosem Zustand auf dem Operationstisch im kalten Operationssaal liegen und verließen den OP. Als Waleri Jewgenjewitsch kam, sagte man ihm: »Sie braucht nichts. Wir haben sie eben gerade operiert. Es ist alles in Ordnung.«

Aber er kam trotzdem in den Operationssaal. Ich öffne die Augen und vor mir steht ein Offizier, der meine Hand nimmt. Seine Hand war angenehm warm und ich begriff, dass ich gerettet war.

Im Militärkrankenhaus machte man dann eine Röntgenaufnahme und ich erfuhr, dass eine Notoperation an der Wirbelsäule vorgenommen werden müsse.

Marina Jentalzewa

Ljudmila Alexandrowna wohnte damals mit den Kindern in der Dienstdatscha außerhalb der Stadt. Mascha war noch in der Schule. An dem Morgen, als der Unfall geschah, war Ljudmila Alexandrowna mit Katja unterwegs zu dieser Schule. Dort sollte irgendeine Veranstaltung stattfinden. Die kleine Katja begann am Morgen zu kränkeln und wollte nicht mit. Später bettelte sie, doch hingehen zu dürfen.

Nach dem Unfall musste erst mal Mascha aus der Schule abgeholt und dann entschieden werden, was weiter mit den Kindern geschehen sollte.

Ich bot Wladimir Wladimirowitsch an: »Lassen Sie mich die Kinder zu meiner Mutter bringen.« Er sagte: »Das ist nett, vielen Dank. Aber praktischer wäre es, wenn Sie mit den Kindern bei uns auf der Datscha übernachten könnten, da wäre ich Ihnen sehr dankbar.« Ich war einverstanden.

Wir fuhren auf die Datscha, genau an dem Krankenhaus vorbei, in das Ljudmila Alexandrowna gebracht worden war. Dort sah ich den Wagen von Wladimir Wladimirowitsch, der gerade wegfahren wollte. Ich bat den Fahrer anzuhalten, stieg aus und sagte zu ihm: »Ich habe die Mädchen im Auto.« Er ging zu ihnen und ich in das Krankenhaus. Die Mädchen hätte man sowieso nicht mitnehmen dürfen.

Ljudmila Alexandrowna war frisch operiert worden. Sie war bei Bewußtsein, und das erste, wonach sie mich fragte, war, ob wir warme Kleidung für die Mädchen mitgenommen hätten. Es hatte an diesem Tag stark abgekühlt und möglicherweise waren auf der Datscha nicht genügend warme Sachen zum Anziehen.

Als wir abfahren wollten, sagte Wladimir Wladimirowitsch, dass er später noch käme, wenn irgend möglich, aber es sei schwierig, weil die Verhandlungen bis spät in die Nacht dauern würden.

Der Fahrer brachte uns zur Datscha und fuhr wieder in die Stadt. Er vergaß uns zu erklären, wie man im Haus die Heizung einschaltete. Es war eiskalt. Aber die Mädchen waren sehr vernünftig. Als wir ankamen, gingen sie mir zur Hand. »Tante Marina, die Decken sind hier und die Bettlaken dort.« Sie standen nicht hilflos oder weinend herum, sondern versuchten mir zu helfen.

Die Mädchen verstanden natürlich, dass die Situation sehr ernst war. Als sie auf dem Weg zur Datscha neben dem Krankenhaus den Wagen ihres Vaters sahen, fragten sie gleich: »Ist die Mama in diesem Krankenhaus?« Wie konnten sie nur ahnen, dass dies das neue Krankenhausgebäude war! Wir haben ihnen aber nicht gesagt, dass man sie ins Militärkrankenhaus gebracht hatte.

Ich legte beide Mädchen zusammen in ein Bett, damit sie es wärmer hatten. Um drei Uhr nachts klopfte es plötzlich an die Tür. Ich erschrak, denn außer uns dreien war niemand auf der Datscha. Es war Wladimir Wladimirowitsch, der sich doch noch von den Verhandlungen mit Turner freimachen konnte. Er schaltete sofort die Heizung ein, und im Haus wurde es schnell warm.

So hatte ich ihn vorher nie erlebt. Man kann nicht sagen, dass er neben sich stand, aus der Spur geraten oder hilflos war und nicht wusste, was er morgen machen sollte oder wohin er gehen sollte. Nein, den Eindruck machte er nicht. Man merkte, dass in seinem Kopf immer noch ein logischer Plan ablief. Trotzdem hatte ich Wladimir Wladimirowitsch noch nie so gesehen.

Er kam um drei Uhr nachts und fuhr um sieben wieder weg. Ich blieb bis zum Abend bei den Mädchen bis Jekaterina Tichonowa aus Kaliningrad kam, die Mutter von Ljudmila Alexandrowna.

Wie hat sie es erfahren?

Ich habe ihr ein Telegramm geschickt. Möglicherweise war es Ljudmila Alexandrowna nicht recht, dass ich das getan und die Mutter gebeten hatte zu kommen. Aber ich tat es natürlich mit dem Einverständnis von Wladimir Wladimirowitsch. Die Kinder sollten in der Obhut ihrer Großmutter sein, bis Ljudmila Alexandrowna wieder aus dem Krankenhaus kam.

Dauerte es lange, bis sie wieder gesund war?

Eineinhalb Monate oder sogar zwei blieb sie im Krankenhaus. Dort stellte man noch einen Schädelbasisbruch fest. Das war weitaus beunruhigender als die Verletzung an der Wirbelsäule.

Ljudmila Putina

Nachdem ich an der Wirbelsäule operiert worden war und langsam wieder aufwachte, machte ich die Ärzte mehrmals darauf aufmerksam, dass mein Kiefer irgendwie wacklig war. Sie lachten und sagten: »Macht nichts, wir setzen Ihnen einen neuen ein.« Aber dann wurde der Arzt, der mich operiert hatte, doch aufmerksam und ließ mich für alle Fälle röntgen. Dabei wurde der Schädelbasisbruch festgestellt. Ich wurde noch einmal operiert und man fing mit der Behandlung an. Heute verstehe ich, dass die Ärzte große Zweifel an einem erfolgreichen Ausgang hatten. Die Chancen waren sehr gering. Ich hatte Glück, dass ich überhaupt wieder auf die Beine kam.

Trotzdem ist es schade, dass sie mir am Hals zwei

Schnitte gemacht haben, von vorne und von hinten. Vor dieser Geschichte sah das im Großen und Ganzen einfach besser aus.

Waren Sie erschrocken, als Sie die Diagnose hörten?

Nein, nicht besonders. Ich war ja noch in der Aufwachphase und habe fast nichts davon mitbekommen. Nur um meinen Hals trauerte ich sehr. Ich fing an zu weinen. Und als Waleri Jewgenjewitsch hörte, warum ich weinte, sagte er: »Mein Gott, Kindchen! Wirbelsäule und Schädel sind kaputt, und du weinst wegen einer Narbe am Hals!«

Aber ich weinte eben. Ich hatte die Befürchtung, dass man die Narben sehen würde. Nachher fielen sie jedoch fast nicht auf.

Marina Jentalzewa

Sie lag im Krankenhaus in einem Vierbettzimmer, bis sich der Riss in der Schädelbasis wieder geschlossen hatte. Und Wladimir Wladimirowitsch, die Kinder und ich besuchten sie in dieser Zeit so oft wie möglich.

Ljudmila Putina

Als ich aus dem Krankenhaus kam, schleppte ich mich die ersten zwei Wochen nur so in der Wohnung umher. Allmählich konnte ich wieder alltägliche Dinge erledigen. Aber im Endeffekt dauerte es zwei, drei Jahre, bis ich wieder ins normale Leben zurückgekehrt war.

Ein paar Monate nach meinem Krankenhausaufenthalt fuhren wir mit der ganzen Familie nach Spanien. Alle erholten sich dort und auch ich kurierte mich aus.

»Das Gewehr wirkt irgendwie beruhigend«

Sergei Roldugin

Eines Tages kam Wolodja mit seinem Chauffeur zu mir auf die Datscha. Wir saßen zusammen und unterhielten uns. Dann gingen wir zu Bett. Da sehe ich, dass er neben sich ein Luftgewehr legt. Offenbar waren irgendwelche Probleme zu erwarten. Ich sagte: »Wowka, was machst du? Glaubst du, diese Flinte wird dich retten?« Er antwortete: »Sie wird mich kaum retten, aber sie wirkt beruhigend auf mich.«

Das war im letzten Jahr seiner Tätigkeit im Rathaus, als die Wahlkampagne von Anatoli Sobtschak begann.

Es war von Anfang an klar, dass die Wahlen des Bürgermeisters im Jahre 1996 für uns sehr dramatisch werden würden. Ich fühlte, was vorging, und ich sagte Anatoli Alexandrowitsch, dass diese Wahlen nicht leicht werden würden.

Im Jahre 1992 war ich daran beteiligt, dass Sobtschak der erste vom Volk gewählte Bürgermeister der Stadt werden konnte. Ich überzeugte viele Abgeordnete, auch in Petersburg das Amt eines Bürgermeisters einzuführen, wie es bereits in Moskau geschehen war. Dieselben Abgeordneten konnten Sobtschak jeden Moment aus seinem Amt als Vorsitzender des Lensowjets entlassen.

Schließlich stimmte Sobtschak zu, dass das Amt des Bürgermeisters eingeführt werden müsse, aber er war nicht davon überzeugt, dass dieser Vorschlag allgemeine Zustimmung finden würde. Schließlich hatte er zur überwältigenden Mehrheit der Abgeordneten des Lensowjets eine problematische Beziehung. Aber seine Popularität bei der Bevölkerung war sehr groß, und die Abgeordneten wussten genau, dass Sobtschak gewählt werden würde, wenn sie über die Einführung des Bürgermeisteramts positiv abstimmen würden. Das wollten sie aber nicht. Den Abgeordneten gefiel es, Sobtschak zappeln zu lassen.

Aber es gelang mir, einen Teil der Abgeordneten davon zu überzeugen, dass ein Bürgermeister für die Stadt sehr förderlich sei. Außerdem konnte ich die Leiter der Stadtbezirke mobilisieren, die ebenfalls diese Meinung vertraten. Sie hatten zwar kein Stimmrecht, konnten jedoch ihre Abgeordneten beeinflussen.

Schließlich wurde über die Einführung dieses Postens vom Lensowjet positiv entschieden, mit einem Vorsprung von einer Stimme.

Vier Jahre später war klar, dass Profis notwendig sind, um einen Sieg bei den Bürgermeisterwahlen zu erringen, Spezialisten für Wahlkampagnen, und nicht erfolgreiche Unterhändler, die mit den Abgeordneten verhandelten. Das sind zwei ganz unterschiedliche Dinge.

Gaben Sie Sobtschak irgendwelche Ratschläge, wie er die Kampagne durchführen sollte?

Im Prinzip habe ich ihm gleich gesagt: »Wissen Sie, das Ganze läuft jetzt auf einer völlig anderen Ebene ab. Hier sind Spezialisten gefragt.« Er pflichtete mir bei, aber dann beschloss er, die Wahlkampagne doch selbst zu leiten.

Hat er sich da nicht selbst ein bisschen überschätzt?

Schwer zu sagen. Sie wissen ja, dass eine Kampagne und die entsprechenden Fachleute viel Geld gekostet hätten. Aber leider hatten wir dafür keines. Man hat Sobtschak eineinhalb Jahre aus irgendeinem Grunde verfolgt, angeblich wegen einer Wohnung, die er auf Kosten der Stadt gekauft haben soll. Aber in Wirklichkeit besaß er weder Geld für diese Wohnung noch für die Wahlkampagne, da wir uns noch nicht damit befasst hatten, Gelder aus dem Haushalt der Stadt herauszuziehen. Es kam uns noch nicht einmal in den Sinn, dass man auf diese Weise die notwendigen Mittel zusammengebracht hätte.

Aber Jakowlew wurden diese Mittel bewilligt. Auf Rechnung der Stadt Moskau. Er wurde genau von den Leuten unterstützt, die die Aktion gegen Sobtschak organisiert hatten.

Damals spielte Korschakow aktiv gegen...

Laut uns vorliegenden Informationen auch Soskowez. Später schlossen sich auch noch die Rechtsschutzorgane an. Sie spielten ein schmutziges Spiel.

So um die anderthalb Jahre vor den Wahlen wurde eine Kommission gebildet, die von den Chefs der drei Behörden – FSB, Außenministerium und Staatsanwaltschaft – ernannt worden war. Sie leitete einige Strafverfahren ein. Sobtschak wurde in zwei Fällen als Zeuge geladen. Und im Lauf der Wahlkampagne schickten sie eine Anfrage an die Generalstaatsanwaltschaft: Wird Sobtschak in die Strafverfahren einbezogen oder nicht? Noch am selben Tag bekamen sie die Antwort: Ja, er wird in zwei Strafverfahren einbezogen sein. Aber was die Staatsanwaltschaft natürlich nicht mitteilte, war, dass er dabei als Zeuge auftreten würde. Die Mitglieder der Kommission vervielfältigten die Antwort auf Flugblättern und streuten diese von einem Hubschrauber aus über die ganze Stadt. Das ist ein Beispiel für die direkte Einmischung der rechtsschützenden Organe in einen Wahlkampf.

Sobtschak beschloss also, bei der Kampagne den Stab selbst zu leiten. Später schloss sich seine Frau Ljudmila Borisowna an. Und er erklärte, dass sie dem Stab vorstehen würde. Wir stimmten die beiden um, weil wir nicht davon überzeugt waren, dass sich ihr alle unterordnen würden, die für die Arbeit gebraucht wurden.

Für den Entschluss, wer die Kampagne leiten sollte, wurde viel zu viel Zeit verschwendet.

Vor dem ersten Wahlgang überlegten wir, ob wir uns mit Alexei Kudrin, der auch Stellvertreter Sobtschaks war, zusammenschließen sollten. Sobtschak wollte, dass ich mich weiter um das tägliche Geschäft der Stadtverwaltung kümmerte. Es war schließlich auch notwendig, dass jemand die Fünfmillionenstadt Petersburg wirtschaftlich am Laufen hielt.

Schließlich haben wir erst im letzten Moment, zwischen dem zweiten und dem dritten Wahlgang, versucht, uns mit Kudrin zusammenzuschließen, aber das war inzwischen schon sinnlos geworden.

Die Wahl haben wir haushoch verloren.

»Kurzum, ich habe mich entschlossen zu gehen«

Einige Zeit nach der Niederlage saß ich in meinem Arbeitszimmer im Smolny. Der zweite Wahlgang der Präsidentschaftswahlen lief gerade und ich befand mich in der Petersburger Abteilung des Stabs von Jelzin und arbeitete dort mit. Der neue Gouverneur Wladimir Jakowlew warf mich zwar nicht gleich aus dem Büro, aber als die Präsidentschaftswahlen beendet waren, forderte er mich ziemlich nachdrücklich auf, den Platz zu räumen. Zu der Zeit hatte ich den Vorschlag Jakowlews bereits abgelehnt, den Posten des stellvertretenden Bürgermeisters zu behalten. Er ließ mir das Angebot durch seine Leute zukommen.

Ich persönlich hielt eine Zusammenarbeit mit Jakowlew für unmöglich, das habe ich ihm auch mitgeteilt. Darüber hinaus hatte ich im Verlauf des Wahlkampfes eine Erklärung initiiert, in der sämtliche Beamten des Rathauses bestätigten, dass sie im Fall einer Niederlage Sobtschaks das Smolny verlassen würden. Es war sehr wichtig, eine klare Meinung zu vertreten, damit alle, die mit Anatoli Alexandrowitsch und seiner Administration arbeiteten, begriffen, dass der Verlust Sobtschaks auch eine Katastrophe für sie bedeutete. Das war eine gute Motivation dafür, dass alle beim Wahlkampf mitmachten.

Also trommelten wir die Journalisten zusammen und veröffentlichten eine Pressemeldung, die von mir verlesen wurde. Deshalb war es danach einfach nicht angebracht, dass ich im Rathaus blieb.

Während des Wahlkampfes suchte ich einige Male Jakowlew auf. Ich weiß schon nicht mehr, in welchem Zusammenhang, aber in einem der Fernsehinterviews hatte ich ihn als Judas bezeichnet. Irgendwie war es dazu gekommen, ohne böse Absicht.

Die Beziehung zu Jakowlew wurde dadurch zwar nicht gerade besser, aber sie wurde auch nicht abgebrochen.

Jedenfalls konnte ich nicht bleiben. Das ging übrigens vielen anderen Mitarbeitern auch so.

Ich erinnere mich noch, wie Mischa Manewitsch zu mir kam und sagte: »Hör mal, ich brauche deinen Rat. Jakowlew hat mir angeboten, den Posten des Vizebürgermeisters zu übernehmen.« Ich sagte: »Keine Frage, Mischa, bleib hier und nimm ihn.« Daraufhin erwiderte er: »Wie kann ich das tun, wo wir doch beschlossen haben, dass alle gehen.« Ich sagte: »Mischa, was soll das? Der Wahlkampf hat stattgefunden, und wir waren gezwungen, das zu beschließen. Aber wem soll man das jetzt alles überlassen? Wer wird hier arbeiten? Die Stadt braucht professionelle Leute.« Ich konnte ihn überreden zu bleiben.

Mischa war ein hervorragender Mann! Es tut mir so leid, dass er vernichtet wurde! Welch eine Ungerechtigkeit! Wen hat er gestört? Das kam wie ein Schlag. Er war sehr sensibel, intelligent und flexibel im besten Sinne des Wortes. Er war ein prinzipientreuer Mensch, der es nicht gerade jedem recht machen wollte, aber nie mit dem Kopf durch die Wand ging. Der immer einen Ausweg, eine annehmbare Lösung fand. Ich verstehe bis heute nicht, wie das passieren konnte. Ich verstehe es nicht.

Außer Mischa konnte ich noch einige andere Mitarbeiter überreden zu bleiben. Dima Kosak, der Leiter der juristischen Verwaltung, hatte schon seine Kündigung geschrieben und war auch schon ausgeschieden. Ich überredete ihn zurückzugehen. Er tat es. Aber insgesamt sind ziemlich viele Leute aus dem Smolny gegangen, nicht nur aus den obersten Reihen.

Marina Jentalzewa

Meine Kündigung schrieb ich an Wladimir Wladimirowitschs letztem Arbeitstag im Smolny. Ich hatte kein bestimmtes Ziel, keine neue Stelle in Aussicht.

Die Arbeit bei Wladimir Wladimirowitsch war schwierig, aber sehr interessant. Es ist überhaupt interessant, mit gescheiten Leuten zu arbeiten. Und ich konnte mir nicht vorstellen, einen anderen Chef zu haben.

Wladimir Wladimirowitsch ahnte meine Stimmungslage, noch bevor ich mit meiner Kündigung zu ihm kam. Er versuchte, mich davon abzuhalten. »Marina, warum wollen Sie Ihren Arbeitsplatz aufgeben? Überlegen Sie es sich noch mal. Bleiben Sie lieber hier.« Er sagte, er wisse noch nicht, was er in Zukunft machen werde, und dass er nicht sicher sei, ob er mir wieder eine Arbeit anbieten könne. Ich antwortete: »Ob Sie mir nun eine Arbeit vermitteln können oder nicht, ich werde auf keinen Fall hier bleiben.«

Als ich ihm meine Kündigung zur Unterschrift vorlegte, standen mir die Tränen in den Augen. Er bemerkte dies und versuchte mich zu trösten. »Marina, seien Sie nicht traurig.« Ich versuchte mich zusammenzureißen. »Ist schon gut. Entschuldigen Sie bitte. Ich höre schon auf.« Er wiederholte: »Seien Sie doch bitte nicht so niedergeschlagen.«

Natürlich habe ich mir das alles sehr zu Herzen genommen. Es war bedauerlich, dass ein so interessanter und auch bedeutender Lebensabschnitt für mich zu Ende ging.

Und trotzdem war ich der Überzeugung, dass für Wladimir Wladimirowitsch letztendlich alles gut ausgehen würde und dass ein dermaßen kluger Mann immer gefragt sein würde.

Im Juli zog ich mit meiner Familie auf die Datscha, die ich einige Jahre zuvor gebaut hatte, und dort lebten wir nun und warteten, was auf uns zukommen würde, denn ich war doch in gewisser Weise »unentbehrlich« und überzeugt, dass man mich bestimmt auf irgendeinen Posten holen würde. Anatoli Alexandrowitsch hatte fest behauptet, dass man mich zum Botschafter machen würde. Er hatte mit Primakow geredet und sagte mir: »Ich habe mit dem Minister gesprochen – du wirst Botschafter.« Natürlich zweifelte ich daran, dass man mich irgendwohin entsenden würde, aber es war mir peinlich, Sobtschak zu sagen: »Anatoli Alexandrowitsch, Sie haben eine blühende Phantasie! Nicht nur mir, sondern auch Ihnen wird es nicht vergönnt sein, einen Botschafterposten in Aussicht gestellt zu bekommen. Das ist so sicher wie das Amen in der Kirche.« Und so kam es dann auch.

»Sobtschak ist einfach er selbst«

Anatoli Alexandrowitsch Sobtschak war ein sehr emotionaler Mensch. Er stand gern im Mittelpunkt und mochte es, wenn man über ihn sprach. Dabei war es ihm scheinbar egal, ob man sich positiv oder negativ über ihn äußerte.

Zu Beginn seiner Arbeit im Lensowjet erlaubte er sich einige Male, die Armee scharf zu kritisieren. Er nannte die Generäle Dummköpfe, obwohl er sie im Grunde genommen gar nicht für dumm hielt. Da bin ich sicher. Sobtschak hatte eine ganz normale Einstellung zur Armee. Das Wort kam ihm so im Eifer des Gefechts über die Lippen. Er glaubte, dass die große Masse diese Meinung unterstützen würde, deshalb hatte er sich da verrannt. Das war ein Fehler.

Die Generäle konnten ihn auf den Tod nicht ausstehen. Eines Tages fand eine Sitzung des Militärkorps oder so statt. Er selbst ist ja Mitglied des Militärrats des Leningrader Militärbezirks und diese Sitzung stand auf seinem Terminplan.

Aber dann kam Alla Borisowna Pugatschowa in die Stadt. Sobtschak sagte zu mir: »Hör mal, ruf doch bitte bei den Generälen an und sag ihnen, dass ich nicht komme.« Er wollte nämlich Alla Pugatschowa treffen. Die Generäle, die die Sitzung seinetwegen sowieso schon einmal vertagt hatten, fanden die erneute Absage unpassend und waren beleidigt. »Du wirst wohl hingehen müssen.« – »Sag einfach, dass ich krank bin!« Dann fuhr er zum Flughafen, um Alla Pugatschowa abzuholen.

Ich rief den Befehlshaber an: »Anatoli Alexandrowitsch kann nicht kommen. Er ist erkrankt.« – »Ach, wirklich? Vielen Dank, dass Sie mich benachrichtigt haben!« Zwei Wochen später traf ich den Befehlshaber, der mit verärgertem Unterton zu mir sagte: »Ist er wieder krank geworden?« Wie sich später herausstellte, hatte er im Fernsehen gesehen, wie Sobtschak mit Alla Pugatschowa zusammentraf und dann auf ihr Konzert ging. Und sofort äußerte er sich negativ über Alla Pugatschowa, obwohl sie damit überhaupt nichts zu tun hatte: »Für so eine Sängerin hat er also Zeit. Sogar seine Krankheit vergißt er dabei. Und für die Staatsgeschäfte hat er keine Zeit!«

Wo waren Sie, als Sobtschak nach Paris flog?

In Petersburg, obwohl ich zu dem Zeitpunkt schon in Moskau arbeitete.

Können Sie uns etwas darüber erzählen?

Was soll ich denn erzählen?

Gab es da nicht irgendeine undurchsichtige Geschichte, die mit seiner Abreise zu tun hatte?

Da war nichts Undurchsichtiges dran. Ich war in Petersburg, traf mich mit ihm, ging zu ihm ins Krankenhaus, machte einen Besuch bei ihm.

Sie sind einfach hingeflogen, um sich zu verabschieden?

Nein, ich habe mich nicht verabschiedet, sondern ich habe ihn im Krankenhaus besucht. Das war alles. Er lag in der kardiologischen Klinik, und dann hat ihn Juri Schewtschenko, der Chef der Militärkrankenhauses, zu sich genommen.

Am 7. November haben seine Freunde, ich glaube aus Finnland, ein Sanitätsflugzeug geschickt und er wurde in ein Krankenhaus nach Frankreich geflogen.

Soll das heißen, dass dies keine speziell geplante Aktion war, sondern dass lediglich jemand ein Flugzeug geschickt hatte?

Ja, seine Freunde schickten eine Maschine. Da es der 7. November war, an dem die Jahresfeiern im Land begannen, hat man seine Abwesenheit in Petersburg erst am 10. November bemerkt.

Von außen sieht das wie eine von Profis perfekt organisierte Spezialoperation aus.

Ach was! Da war nichts Spezielles dran. In den Zeitungen stand, dass man ihn außer Landes gebracht hatte, ohne dass er kontrolliert worden wäre. Davon kann nicht die Rede sein. Er passierte sowohl die Pass- als auch die Zollkontrolle. Alles nach Vorschrift. Die Stempel sind in seinem Pass. Er wurde ins Flugzeug gelegt. Das war's.

Bravo. Hätte man ihn denn verhaften können?

Das wäre wohl möglich gewesen. Ich verstehe nur nicht ganz, warum.

Wissen Sie wirklich nicht weshalb?

Nein, warum? Ich weiß ja genau, dass man keinerlei Anhaltspunkte hatte, um ihn festzunehmen. Man wollte ihm irgendeine vage Geschichte wegen einer Wohnung anhängen. Es wurde eine Akte über den Fall angelegt. Zum Schluss hat sich dann die ganze Sache in Wohlgefallen aufgelöst. Aber erst hat man Sobtschak vier Jahre lang das Leben schwergemacht und dann wurde der Ärmste noch durch ganz Europa gehetzt.

Wussten Sie über diese Geschichte Bescheid?

Nein. Ehrlich gesagt war ich über Details nicht informiert, daher habe ich mir selbst einen Reim drauf gemacht.

Hatten Sie kein persönliches Interesse daran, Licht in die Sache zu bringen und sich endgültig Klarheit darüber zu verschaffen, um zu verstehen, mit was für einem Menschen Sie zusammenarbeiteten? Oder bestanden bei Ihnen gar keine Zweifel?

Wissen Sie, ich war absolut davon überzeugt, dass ich es mit einem rechtschaffenen Mann zu tun hatte. Immerhin arbeiteten wir jahrelang zusammen. Ich weiß einfach, was er denkt, welche Einstellung er zu den Dingen hat, was für ihn wichtig und wertvoll ist und was nicht, wozu er fähig ist und wozu nicht.

Erinnern Sie sich an die Stelle in dem Film *Schild und Schwert*, als man versucht, einen sowjetischen Offizier anzuwerben? Man sagt zu ihm: »Glauben Sie etwa, wir lassen Sie als Helden sterben? Es wurde schon ein Foto veröffentlicht, auf dem Sie eine deutsche Uniform tragen. Sie sind ein Verräter!« Unser Offizier greift nach einem Stuhl und versucht, den Anwerber zu erschlagen. Dieser erschießt ihn und sagt: »Die Idee war von Anfang an falsch. Es machte keinen Sinn, ihn zu erpressen. Offenbar ist der Ruf dieses Offiziers in der Heimat einwandfrei.«

Und so ist das auch mit Sobtschak. Er ist ein anständiger Mensch mit einwandfreiem Ruf. Außerdem ist er sehr markant, offen, begabt. Obwohl Anatoli Alexandrowitsch und ich ganz unterschiedlich veranlagt sind, ist er mir äußerst sympathisch. Solche Menschen wie er gefallen mir außerordentlich. Er ist einfach er selbst.

Nur wenige wissen, dass ich zu Anatoli Alexandrowitsch ein enges, kameradschaftliches, sehr vertrautes Verhältnis habe. Insbesondere auf Auslandsreisen hatten wir Gelegenheit, uns zu unterhalten, wenn wir praktisch ein paar Tage unter uns waren. Ich glaube, ich kann ihn als väterlichen Freund bezeichnen.

Dieses Gespräch wurde zwei Tage vor dem tragischen Tod von Anatoli Sobtschak geführt. Er verstarb am 19. Februar in Swetlogorsk an einem Herzanfall.

»Alles brannte bis auf die Mauern nieder«

Ljudmila Putina

In jenem Sommer des Jahres 1996, unmittelbar nach den Wahlen, zogen wir von der Stadt aufs Land, in das Haus, dessen Bau sechs Jahre gedauert hatte. Es lag etwa hundert Kilometer von Petersburg entfernt. Wir verbrachten dort eineinhalb Monate. Wir nähten Vorhänge, räumten auf und richteten alles schön ein, stellten die Möbel auf. Gerade als wir alles fertig hatten, brannte das Haus völlig ab. Das ist eine traurige Geschichte. Es brannte bis auf die Mauern nieder.

Marina Jentalzewa

Wir fuhren mit dem Auto auf die Datscha der Putins. Das Haus war gerade fertig geworden. Es war schon etwas später, als wir losfuhren. Eigentlich wollten mein Mann und ich abends wieder nach Hause fahren. Aber

Wladimir Wladimirowitsch und Ljudmila Alexandrowna meinten: »Wie wär's, wenn wir das Dampfbad einheizen und ein bisschen schwitzen.« Und die Mädchen stimmten mit ein: »O ja, Swetulja soll hierbleiben!« Swetulja, das ist unsere Tochter.

Das Haus war aus Ziegelsteinen gebaut, aber innen mit Holz verkleidet. An jenem Tag war ich mit meiner Frau und den Kindern auf der Datscha. Wir waren erst vor kurzem dort eingezogen. Meine Sekretärin Marina Jentalzewa, ihr Mann und ihre Tochter kamen uns besuchen. Wir Männer gingen in die Sauna, die sich im Erdgeschoß befand. Wir heizten uns kräftig ein, badeten im Fluss und legten uns in den Ruheraum. Und auf einmal höre ich ein Knistern. Dann Rauch, dann lodernde Flammen. Ich rief mit meiner lautesten Befehlsstimme, alle sollten das Haus verlassen. Die Sauna brannte.

Katja saß in der Küche beim Essen. Sie zeigte am meisten Disziplin. Als ich schrie: »Los, aus dem Haus!«, knallte sie den Löffel auf den Tisch, sprang auf, ohne zu fragen wieso und warum. Und schon stand sie auf der Straße und schaute zu. Ich lief nach oben.

Marina Jentalzewa

Wir waren schon hinaufgegangen, um die Kinder ins Bett zu bringen. Katja war noch unten, aber Mascha schlief bereits. Swetulja kam herauf und Ljudmila Alexandrowna war auch schon oben.

Es war ein zweistöckiges Haus, nicht besonders groß. Die Treppe, die in den oberen Stock führte, befand sich in der Mitte des Hauses. Links und rechts davon gingen die Zimmer ab. Ich war zum ersten Mal in diesem Haus. Als die Sauna anfing zu brennen, ging im ganzen Haus das Licht aus. Wahrscheinlich ein Kurzschluss. Es war stockdunkel.

Plötzlich hatte ich Brandgeruch in der Nase. Ich geriet in Panik! Da rief Wladimir Wladimirowitsch: »Alle raus!« oder so was, aber ich konnte den Weg nicht finden!

Flammen sah ich nicht, ich roch nur den Rauch und Gas. Du erstickst einfach. Dunkelheit. Ich laufe aufgeregt durch die Gegend. Die anderen schreien von unten herauf: »Marina, komm runter!« »Ich rufe: »Ich kann die Treppe nicht finden!« Mehr kann ich nicht von mir geben. Ich krieche nur noch am Boden herum und rudere mit beiden Armen nach der Treppe. Ich habe nur den einen Gedanken: Irgendwo muss doch diese verdammte Treppe sein! Schließlich bemerkte ich, dass ich neben die Treppe geraten war und mich im anderen Zimmer befand.

Der Qualm war inzwischen so dicht, dass man die Treppe nicht mehr sehen konnte, die nach unten führte. Im oberen Stock irrten Marina und meine ältere Tochter Mascha umher und wussten nicht, in welche Richtung sie flüchten sollten. Sie konnten einander noch nicht einmal sehen. Ich nahm Mascha an der Hand und führte sie auf den Balkon.

Dann riss ich die Leintücher von den Betten, verknotete sie miteinander und band sie ans Balkongitter. Ich sagte zu Mascha: »Lass dich daran hinunter!« Sie rief ängstlich: »Ich will nicht! Ich habe Angst!« Ich drohte ihr: »Gleich nehme ich dich wie einen jungen

Hund und werfe dich einfach hinunter! Verstehst du nicht, das Haus brennt?!«

Dann packte ich sie am Kragen, hievte sie über das Balkongitter. Unten fing man sie auf.

Marina Jentalzewa

Plötzlich ertastete meine Hand die Hand von Wladimir Wladimirowitsch. Offenbar kam er die Treppe hinauf. Auch mich drängte er auf den Balkon hinaus. Es stand schon alles in Flammen. Zuerst war noch kein Feuer zu sehen, aber plötzlich brannte alles. Wie im Kino: zuerst die Fußmatte, dann die Vorhänge... Aber das war erst der Anfang! Alles loderte im Nu, so schnell ging das. Man hat mir erzählt, dass sich ein flüchtiges Gas blitzschnell entzündet. Kurz gesagt: Es war ein einziges Flammenmeer.

Nach Mascha ließ ich dann Marina hinunter. Ich verknotete einige Bettlaken und warf sie über das Balkongitter. Als Marina das Laken hinunterrutschte, bekam sie Angst und spreizte die Finger. Sie wäre beinah hart aufgekommen, denn die Stufen vor dem Haus waren aus Stein. Aber ihr Mann fing sie auf, verrenkte sich dabei allerdings den Arm. Es war aber nicht so schlimm, darum kümmerten wir uns später.

Dann fiel mir plötzlich ein, dass im Zimmer der *Diplomat* mit unserem Geld, unseren gesamten Ersparnissen, zurückgeblieben war. Ich denke: »Wie soll es ohne Geld weitergehen?«

Ich kehrte noch mal ins Haus zurück, suchte, streckte die Hände in alle Richtungen... Ich spürte, dass es sich nur noch um Sekunden handeln konnte, bis ich den Flammen ausgeliefert war... Da gab ich die Suche nach meiner Habe auf. Ich sprang auf den Balkon, um den Flammen zu entkommen. Ich krieche über das Geländer, klammere mich am Bettlaken fest und rutsche langsam nach unten. Und jetzt kommt das Beste an der ganzen Geschichte: Ich war splitterfasernackt, schaffte es aber, mich in ein Leintuch einzuwickeln. Und jetzt stellen Sie sich einmal folgende Situation vor: Das Haus raucht und ein nackter Mann, mit einem Bettlaken umwickelt, lässt sich vom Balkon ab. Und auf einem Hügel sammeln sich die Schaulustigen und sehen diesem Spektakel schweigend zu.

Neben unserem Haus standen zwei Autos. Sie glühten schon fast. Aber die Autoschlüssel lagen im Haus. Der Gang war eingelegt und die Türen waren abgeschlossen.

Marina Jentalzewa

Wir hatten keine Autoschlüssel. Alles war im Haus. Ljudmila Alexandrowna sagte: »Versuchen wir die Autos wegzuschieben.« Ich schreie völlig hysterisch: »Zum Teufel mit dem Auto! Das Haus brennt!« Sie schaute mich ganz entgeistert an und antwortete: »Aber wir müssen das Auto doch retten.« Daraufhin nahm sie einen Stein und schlug damit die Scheibe ein. Dann nahm sie den Gang raus und irgendwie schoben wir das Auto weg. Dann das zweite.

Und danach stand ich nur noch da und schaute zu, wie das Haus abbrannte. Das war ein Schock für mich. Das erste, was Ljudmila Alexandrowna sagte, war: »Gott sei Dank, dass alle wohlauf sind!«

Das Haus brannte lichterloh. Die Feuerwehr kam. Aber bald hatten sie kein Löschwasser mehr. Dabei war gleich nebenan ein See! Ich sagte zu den Feuerwehrleuten: »Wie kann das Wasser alle sein!? Da ist doch ein ganzer See!« Sie stimmten mir zu: »Wir haben zwar einen See, aber keinen Schlauch.« Die Feuerwehr musste dreimal hin- und herfahren – bis alles in Schutt und Asche lag.

Für die Mädchen war diese Geschichte am schlimmsten. Sie hatten all ihre Schätze aus der Stadtwohnung hierhergebracht. Alle Spielsachen, alle Barbie-Puppen, die sie seit ihrer Kindheit besaßen. Mascha konnte monatelang nach diesem Erlebnis nicht schlafen. Alles, was den Kindern lieb und teuer war, hatten sie mitgeschleppt.

Als die Feuerwehr das Brandgutachten anfertigte, kam sie zu dem Schluss, dass die Baufirma schuld war. Sie hatte den Ofen nicht fachgerecht eingebaut. Und wenn sie nun mal schuld ist, dann müssen sie auch für den Schaden aufkommen!

Die erste Möglichkeit war: Sie müssen uns das Geld ersetzen. Aber die Frage ist wie viel. Das Haus brannte 1996 ab. Fünf Jahre haben wir daran herumgebaut. Ich weiß noch, wie wir 1991 Ziegel für drei Rubel das Stück gekauft haben. Dafür würde man jetzt keine mehr bekommen. Als ich welche hinzugekauft habe, kosteten sie schon sieben Rubel! Das waren noch Preise! Heutzutage wüsste man gar nicht, wie viel man da angeben sollte.

Deshalb gefiel mir die zweite Möglichkeit besser. Sie müssen alles so wiederherstellen, wie es war. So wurde es dann auch gemacht. Sie bauten mit einer polnischen Baufirma wieder genau die gleiche Hütte, und alles wurde wie vorher. Das Ganze dauerte eineinhalb Jahre. Alles sah aus wie vor dem Feuer, sogar noch ein bisschen besser. Nur auf die Sauna haben wir freiwillig verzichtet.

Ljudmila Putina

Ich habe den Verlust des Hauses von der philosophischen Seite aus gesehen. Nach diesem Unglück habe ich kapiert, dass kein Haus, kein Geld, keine Sachen es wert sind, sich im Leben deswegen verrückt zu machen. Wissen Sie warum? Weil in einem Moment alles zunichte sein kann.

Bei uns gibt es eine Tradition. Alle wichtigen Probleme werden im Dampfbad gelöst. Wie halten Sie's jetzt damit?

Eigentlich sollte man dort keine Probleme lösen. Das haben wir auch damals nicht getan.

Der Beamte

»Das ist unsere Stadt«

Und wie ging es weiter mit der Arbeit? Vom Gouverneur Jakowlew gingen Sie weg, Botschafter sind Sie nicht geworden...

Einige Monate, nachdem wir die Wahlen in Petersburg vermasselt hatten, war ich immer noch ohne Arbeit. Insgesamt lief das nicht besonders gut, und meine Familie war ja auch noch da... Ein Entschluss musste her. Und dann auch noch die unklare Situation in Moskau: Irgendwie wollte man, dass ich dort arbeite, aber dann auch wieder nicht.

Wer hat Sie dann letztendlich nach Moskau geholt?

Seltsamerweise Borodin. Der Geschäftsführer des Präsidenten, Pawel Borodin, ergriff zuerst die Initiative, um mich in die Administration des Präsidenten zu holen. Ich weiß nicht, warum er sich an mich erinnerte. Wir hatten uns vorher nur einige Male getroffen. Mehr hatten wir bislang eigentlich nicht miteinander zu tun gehabt.

Borodin sprach mit dem damaligen Chef der Administration, Nikolai Jegorow, über mich. Der rief mich nach Moskau und schlug mir vor, sein Stellvertreter zu werden. Er zeigte mir den Entwurf eines Präsidentenerlasses und sagte, dass er ihn nächste Woche von Jelzin unterzeichnen lassen würde – also an die

Arbeit. Ich war einverstanden: »Gut«, sagte ich, »was soll ich tun?« Er antwortete: »Flieg nach Hause, nach Petersburg. Sobald er unterschreibt, rufen wir dich.«

Ich fuhr weg, und gerade mal zwei, drei Tage später wurde Jegorow abgesetzt und Anatoli Tschubais zum neuen Chef der Administration des Präsidenten ernannt. Tschubais strich den Posten, den man mir angeboten hatte. Deshalb bin ich damals nicht nach Moskau umgezogen.

Es verging noch einige Zeit. Die Regierung Tschernomyrdin war bereits gebildet, und zu Tschernomyrdins erstem Stellvertreter war Alexei Alexejewitsch Bolschakow ernannt worden. Unser Bolschakow aus Petersburg. Und auf irgendeinem Empfang – das habe ich erst später erfahren – sagt er eben zu Borodin: »Was ist denn los mit Ihnen? Sie versprechen einem Mann Arbeit und lassen ihn dann fallen – und da sitzt er noch, ohne Arbeit!« Borodin war entrüstet: »Ich habe ihn ja nicht fallenlassen. Da hat wohl eher Ihr Freund Tschubais dazwischengefunkt!« – »Na, dann nehmen Sie ihn doch zu sich«, schlug Bolschakow vor. Borodin meinte, dass ich nicht zu ihm in die Verwaltung gehen wolle, weil ich eine andere Arbeit gewöhnt sei. Aber Bolschakow beharrte darauf: »Na, dann denken Sie sich was aus.« Damit endete ihr Gespräch und sie gingen auseinander. Borodin versprach, sich etwas einfallen zu lassen. Und tat das auch tatsächlich, wie ich später erfuhr.

Irgendwann rief Ljoscha Kudrin an. Er war damals Leiter der Hauptkontrollabteilung des Präsidenten. »Komm uns doch besuchen«, sagte er, »dann sehen wir mal, was sich machen lässt. Es ist zwar ein Posten gestrichen worden, aber nicht alle.« Also flog ich hin und traf mich mit Kudrin. Er sprach mit Tschubais, und bevor dieser in Urlaub fuhr, schlug er mir vor, die Leitung der Abteilung für Öffentlichkeitsarbeit zu übernehmen. Diese Sache lag mir überhaupt nicht. Aber was sollte ich tun? Dann musste es halt Öffentlichkeitsarbeit sein. Immerhin in der Administration des Präsidenten. Wie dem auch sei, ich stimmte zu.

Kudrin und ich setzten uns ins Auto und fuhren zum Flughafen. Auf dem Weg sagte er: »Hör mal, lass uns unserem Petersburger Bolschakow gratulieren, er ist erster Stellvertreter geworden.« – »Ja, gut.« Wir wählten ihn direkt aus dem Auto an. Und wurden verbunden. Als Leiter der Hauptkontrollabteilung wurde Ljoscha mit jedem verbunden. Er gratulierte Bolschakow und sagte: »Wolodja Putin möchte Ihnen ebenfalls gratulieren. Er sitzt hier neben mir.« Bolschakow sagte: »Gib ihn mir mal.« Ich nahm den Hörer: »Wo bist du denn?« – »Was soll das heißen? Im Auto. Ljoscha und ich fahren zum Flughafen. Ich fliege nach Petersburg.« – »Und wo warst du?« – »Im Kreml. Wir haben über meine Einstellung gesprochen. Ich werde Leiter der Abteilung für Öffentlichkeitsarbeit.« – »Ruf mich in einer halben Stunde noch mal an.« Und das Auto näherte sich immer mehr dem Flughafen.

Ich wollte schon an Bord gehen, kam aber im letzten Moment doch noch bei Bolschakow durch. Er meinte: »Hör mal, kannst du noch hierbleiben? Geh morgen zu Borodin.« Ich verstand nicht, wovon die Rede war, blieb aber. Mir kam gar nicht in den Sinn, dass Bolschakow sich so genau an mich erinnern könnte.

Ich weiß nicht, warum er das tat und fragen war nicht angebracht. Ich habe nur eine Erklärung dafür, eine andere kann es nicht geben. Alexei Alexejewitsch war in Petersburg ein angesehener Mann. Als erster Stellvertreter des Exekutivkomitees des Lensowjets war er jemand, der die Stadt tatsächlich führte. Er hatte einen guten Ruf als rühriger, energischer, hart arbeitender Mann. Die demokratische Welle spülte ihn weg, obwohl er keineswegs ein konservativer Hardliner war, aber Sobtschak wollte, dass er ging.

Bolschakow saß schon fast auf der Straße, mit irgendetwas beschäftigte er sich noch, aber keinem kam es mehr in den Sinn, dass er erneut ein ernsthaftes Amt bekleiden könnte, und schon gar nicht in Moskau. Von Zeit zu Zeit tauchte er im Smolny auf, um eigene Angelegenheiten zu erledigen. Und kein einziges Mal habe ich ihn warten lassen. Ich unterbrach sofort alles, jagte alle aus meinem Büro und ging selbst ins Vorzimmer: »Alexei Alexejewitsch, kommen Sie doch herein.« Wir hatten seitdem nie mehr miteinander zu tun, möglicherweise hat er sich das einfach gemerkt...

Morgens ging ich zu Borodin, und er schlug mir vor, sein Stellvertreter zu werden.

So fand ich mich also im August 1996 am Staraja Ploschtschad in Moskau als Stellvertretender Geschäftsführer des Präsidenten wieder. Mir unterstanden die juristische Abteilung und der Bereich Auslandseigentum.

Ljudmila Putina

Ich erinnere mich, dass es gar nicht zur Debatte stand, ob wir nach Moskau fahren sollten oder nicht. Es war klar, dass wir fahren mussten. Und ich kann nicht einmal sagen, dass Wolodja und ich die neue Ernennung groß besprochen hätten. Wolodja sagte, dass man ihm eine Arbeit angeboten habe, die ihm nicht ganz zusage, aber etwas anderes sei nicht in Aussicht. Dann kam das andere Angebot.

Ich wollte zuerst nicht aus Petersburg weg. Wir waren gerade erst in unsere eigene Wohnung umgezogen, und nun sollten wir wieder in eine Dienstwohnung. Aber warum hätte ich mich beklagen sollen? Wir hatten doch eine Datscha in Archangelskoje. Das Haus war zwar alt und es gab nur alte Möbel, dafür war es zweistöckig und hatte sechs Zimmer. Zwei unten, vier oben – schick! Und Moskau hat mir auf Anhieb gefallen. Ich kann das nicht erklären – ich fühlte mich einfach wohl in dieser Stadt –, ob es nun an der Atmosphäre, am Straßenbild oder an der Sauberkeit lag. Petersburg machte mich krank. Dann kam ich nach Moskau und wurde gesund. Mein Mann brauchte länger, um sich an Moskau zu gewöhnen, schaffte es aber letztendlich doch. Allein zu wissen, dass sich hier das Leben abspielt, lässt es schon so angenehm erscheinen.

Ich kann nicht sagen, dass ich Moskau nicht mochte. Ich mochte Petersburg nur lieber. Aber Moskau ist fraglos eine europäische Stadt. Es gibt hier natürlich auch Probleme, aber trotzdem ist das Leben in vollem Gang. Dagegen ist Petersburg zugegebenermaßen Provinz – wenn auch nur politisch.

»Reisen und Besichtigungen...«

Sie haben in Moskau unwahrscheinlich schnell Karriere gemacht, wurden praktisch jedes Jahr befördert. 1997 Leiter der Hauptkontrollabteilung, 1998 Erster Stellvertretender Vorsitzender der Administration des Präsidenten, zuständig für die Regionen, 1998 Direktor des FSB und später auch noch Sekretär des Sicherheitsrates. Im August 1999 Premierminister und ab 31. Dezember Interimspräsident. Fanden Sie denn alle diese Aufgaben gleichermaßen interessant?

Überhaupt nicht. Ehrlich gesagt gab es einen Moment, an dem ich der Administration des Präsidenten den Rücken kehren wollte.

Wann war das?

Als ich in der Kontrollabteilung gearbeitet habe. Diese Arbeit war so... unkreativ. Natürlich ist sie wichtig, notwendig, das verstehe ich, aber ich fand sie uninteressant. Ich weiß nicht, was ich gemacht hätte, wenn ich tatsächlich gegangen wäre. Wahrscheinlich hätte ich eine Kanzlei eröffnet. Schwer zu sagen, ob wir davon hätten leben können, aber das ist wenigstens interessant. Viele meiner Freunde haben das gemacht und sind rundum zufrieden.

Warum also sind Sie nicht weggegangen?

Als ich noch darüber nachdachte, ernannte man mich zum Ersten Stellvertretenden Chef der Administration des Präsidenten, und ich befasste mich mit den Regionen und Kontakten zu den Gouverneuren. Bis heute bin ich der Ansicht, dass diese Arbeit am Interessantesten war. Damals baute ich übrigens meine Beziehungen zu vielen Gouverneuren auf. Mir wurde klar, dass die Arbeit mit den regionalen Chefs einer der wichtigsten Aufgabenbereiche ist. Alle sprechen doch davon, dass die Führungsvertikale im Land gestört ist, so muss man sie halt wieder aufbauen.

Brauchen die Gouverneure das überhaupt? Sind sie bereit, sich in die Vertikale einzugliedern?

Sie sind bereit. Die Gouverneure sind doch auch ein Teil des Landes und leiden ebenfalls unter den Führungsfehlern. Diese Angelegenheit muss zusammen mit ihnen geregelt werden. Sicherlich gibt es welche, denen das eine oder andere nicht gefallen wird, allen kann man es nicht recht machen – aber dennoch sind gemeinsame Ansätze vorhanden. Dann fand ich es auch interessant, das Land kennen zu lernen. Wo habe ich schon gearbeitet – in Petersburg, im Ausland... Natürlich waren die sieben Jahre in Petersburg eine gute Erfahrung für mich, sowohl in wirtschaftlicher Hinsicht, als auch was das Management angeht. Aber Petersburg ist bei weitem nicht das ganze Land. Ich wollte reisen und alles besichtigen.

»Na, vielen Dank, Leute«

Warum haben Sie denn dann nach einem halben Jahr diese interessante Aufgabe hingeworfen und wurden Direktor des FSB? Zog es Sie zurück zu den »Behörden«?

Dahin zog es mich nicht. Abgesehen davon, dass man mich nicht gefragt hat: »Wollen Sie, wollen Sie nicht«, bekam ich überhaupt keinen Hinweis auf eine solche Ernennung. Der Präsident unterzeichnete einfach einen Erlass...

Chef der Administration war doch damals Walentin Jumaschew?

Ja. Ich sitze im Büro, auf einmal klingelt das Telefon: »Kannst du zum Flughafen fahren, Kirijenko abholen?« Er war damals Premierminister und kehrte gerade vom Präsidenten zurück, der in Karelien Urlaub machte.

Ich sage: »Kann ich.« – »Was soll das jetzt auf einmal?« dachte ich mir. Ich witterte bereits etwas Ungutes. Ich fahre also zum Flughafen – Kirijenko kommt heraus und sagt: »Hallo, Wolodja! Ich gratuliere dir!« Ich sage: »Wozu?« – »Der Erlass ist unterzeichnet. Du bist zum Direktor des FSB ernannt worden.« Na, vielen Dank, Leute... Ich kann nicht sagen, dass ich mich freute. Ich hatte keine Lust, ein zweites Mal dieselbe Richtung einzuschlagen.

Verstehen Sie, der Dienst in militarisierten Behörden ist immerhin sehr schwer. Wenn ich mir das vorstelle: Du gehst auf das KGB-Gebäude zu, wo du gearbeitet hast, und es ist so, als ob man dich unter Strom setzen würde. Ich weiß nicht, vielleicht habe nur ich dieses Gefühl, aber ich glaube, der überwältigenden Mehrheit geht es ebenso. Der Mensch lebt dort mit einer ständigen inneren Anspannung. Die Papiere sind alle geheim, dies verboten, das verboten.

Und ins Restaurant durfte man auch nicht gehen! Man war der Meinung, dass nur Prostituierte und Schwarzhändler in Restaurants gingen. Was hat ein anständiger Mitarbeiter der Sicherheitsbehörden in dieser Gesellschaft zu suchen?

Dann bist du als Mitarbeiter des Geheimdienstes immer auch Objekt einer potenziellen Überprüfung. Dabei will man irgendetwas in Bezug auf dich klären. Kann schon sein, dass so etwas nicht so häufig vorkommt, aber angenehm ist es dennoch nicht. Und die Sitzungen jede Woche! Und der tägliche Arbeitsplan! Sie brauchen nicht zu lachen. Dort gibt es ein Heftchen mit dem Vermerk »geheim«. Am Freitag kommst du, öffnest es und schreibst den Arbeitsplan für die Woche – exakt unterteilt in die einzelnen Tage. Und jeden Tagesplan schreibst du mit Stundenunterteilung auf.

Sie fragen: Und, ist es im Kreml besser? Hier bin ich ja in einer ganz anderen Lage. Jetzt kontrolliert mich niemand. Ich kontrolliere selbst alle anderen. Damals war da der Bereichsleiter, der Abteilungsleiter. Die machen den Plan auf: Was wurde in der Woche erledigt? Und du beginnst dich zu rechtfertigen, warum etwas nicht erledigt wurde. Du erklärst: Das ist eine groß angelegte Sache, die kann man nicht auf einmal erledigen. Warum, wirst du daraufhin gefragt, schreibst du es dann in deinen Plan; schreib das hinein, was du erledigen kannst. Ich erzähle das, um zu verdeutlichen, was dieser Dienst bedeutet. Natürlich ist das alles bedrückend.

Und dann habe ich auch nach meinem Ausscheiden aus dem KGB ein sehr interessantes und abwechslungsreiches Leben geführt. Als ich also in das Büro des Direktors des FSB hineinging, empfing mich Nikolai Kowaljow, mein Vorgänger in diesem Amt. Er öffnete den Safe und sagte: »Da habe ich das geheime Heft.« Und ich schaute mich schwermütig um.

Ljudmila Putina

Die einzige Ernennung Wolodjas, die in der Familie überhaupt besprochen wurde, war wohl seine Ernennung zum Premierminister. Was den FSB anging, so erinnere ich mich, dass wir drei Monate vor Wolodjas Ernennung darüber gesprochen haben, und er sagte, dass er sich damit auf keinen Fall einverstanden erklären wolle. Wir gingen in Archangelskoje spazieren und sprachen über seine Arbeit. Er sagte damals, dass er nicht zum FSB wolle. Ich verstand, warum. Das wäre die erneute Rückkehr in ein abgeschottetes Leben gewesen. Als Wolodja beim KGB arbeitete, war das alles in allem ein sehr einsames Leben. Geh nicht dorthin, sag das nicht, mit dem darfst du dich unterhalten und mit diesem nicht. Und nachdem er den für ihn nicht leichten Entschluss gefasst hatte, vom KGB wegzugehen, ging er gleichsam für immer.

Ich machte Urlaub an der Ostsee, als er mich anrief und sagte: »Hör mir ganz genau zu, man hat mich wieder dahin zurückgeholt, wo ich begonnen habe.« Ich schloss daraus, das man ihn wieder zum Stellvertreter Borodins gemacht, also herabgestuft hatte. Ich kam einfach nicht darauf, was er meinte. Ich dachte, dass während meines Urlaubs im Land etwas geschehen sei und sich die Lage geändert hätte. Aber er wiederholte: »Man hat mich dorthin zurückgeholt, wo ich begonnen habe.« Als er es dann zum dritten Mal sagte, kapierte ich, was los war. Nach meiner Rückkehr fragte ich ihn, wie das denn alles passiert sei. Er antwortete: »Man hat mich ernannt, ganz einfach.« Ich hatte keine weiteren Fragen.

Als Wolodja zum FSB kam, schlug man ihm vor, General zu werden. Er blieb aber im zivilen Dienst. Denn nicht der Oberst befehligt die Generäle, sondern derjenige, der dazu fähig ist.

Wirkte sich diese Ernennung irgendwie auf unser Leben aus? Eigentlich nicht – das einzige war, dass ich den Kontakt zu Bekannten aus Deutschland abbrechen musste. Ich dachte, es sei nur für eine gewisse Zeit, aber bis heute haben wir uns nicht mehr gesprochen.

Wie hat man Sie in den FSB aufgenommen? Da kommt irgendein Oberst...

Man war zunächst vorsichtig, aber das ging vorbei. Und was den Oberst betrifft... Das sollten wir klären. Erstens bin ich Oberst a. D. Ich beendete meinen Dienst als Oberstleutnant. Das war aber vor zehn Jahren. In diesen zehn Jahren führte ich ein anderes Leben. Und ich ging zum FSB nicht als Oberst, sondern als Zivilperson, als Erster Stellvertretender Chef der Administration des Präsidenten.

Das heißt, Sie wurden praktisch der erste zivile Leiter der Sicherheitsbehörden.

Natürlich, aber niemanden interessierte das – die einen achteten aus Dummheit nicht darauf, andere aus Unwissen und wieder andere wollten bewusst nichts davon wissen.

Unter Ihrer Leitung veränderte sich die Zusammensetzung der Führungskräfte erheblich.

Sie veränderte sich, aber nicht erheblich. Ich habe überhaupt keine abrupten Veränderungen vorgenommen. Ich schaute mir einfach das Umfeld und die Leute an und begann die Änderungen vorzunehmen, die ich für notwendig hielt.

Warum sagte dann Jewgeni Primakow, dass Sie überall Leningrader eingesetzt haben?

Es hieß auch, ich hätte alle entlassen und dafür irgendwelche unbekannten Leute eingestellt. Da habe ich das ganze Kollegium des FSB versammelt und zu einer Sitzung mit Primakow gebracht. Und es stellte sich heraus, dass alle noch da waren und niemand entlassen worden war. Primakow entschuldigte sich nachher und sagte, man habe ihn in die Irre geführt.

Ist es richtig, dass Sie als Direktor des FSB Wladimir Krjutschkow getroffen haben?

Das ist richtig.

Zufällig?

Nein, nicht zufällig. Ich arbeitete ziemlich viel mit den Veteranen zusammen.

Zur Zeit spricht man wieder über eine mögliche Zusammenlegung des FSB und des Innenministeriums. Wie stehen Sie dazu?

Ich halte das für keine gute Lösung. Die Gemeinschaft der Geheimdienste hat sich schon herausgebildet, und es wäre schlecht, das wieder auseinanderzureißen. Und dann kann die Zusammenlegung vom Standpunkt der Behörden aus gesehen normal erscheinen, aber ausgehend von politischen Interessen ist es ungünstig – es ist besser, zwei Informationsquellen zu haben, als eine.

Vielleicht eher deshalb, damit sie einander überwachen und sich nicht untereinander absprechen?

Das betrifft nicht mich. Das gehört nach Deutschland, ins Jahr 1933. Jeder muss den anderen überwachen – Gestapo-Prinzip.

Es ist interessant, dass man Sie zweimal für ein Amt ernannt hat, das vorher Sergei Stepaschin, ebenfalls aus Petersburg, bekleidet hat. Sowohl in den FSB, früher FSK, als auch zum Premierminister. Erinnerte man sich im FSB ungern an Stepaschin?

Im Gegenteil, man mochte ihn dort. Er hat sich doch im FSB unerwartet reif benommen; das hat ihm bei vielen, auch bei mir, Bewunderung eingebracht.

Sobtschak hat die Ernennung Stepaschins zum Leiter der Leningrader Verwaltung des FSK sehr unterstützt. Ich arbeitete damals schon in der Stadtverwaltung. Ich erinnere mich, wie Sobtschak mir nach dem Putsch mitteilte, dass künftig ein Demokrat den FSK leiten wird. Das hat mir überhaupt nicht gefallen. Obwohl ich Sobtschak selbst sympathisch fand. Aber nun... Auch noch so ein Milizionär...

Wir Geheimdienstler mochten Milizionäre nie besonders gern. Außerdem war das ein Mann, der nie Beziehungen zu den Sicherheitsbehörden gehabt hatte. Nein, freilich, mich beunruhigte ehrlich gesagt nicht, dass er ein Vertreter der demokratischen Bewegung war. Ich kam schließlich selbst schon aus diesem Umfeld. Aber es wurde besorgniserregend. Erinnern Sie sich, in welche Lage damals die Sicherheitsbehörden gerieten? Von dieser Bewegung aus wollte man Dinge zerstören, brechen, zerreißen, man schlug vor, Geheimdienstlisten zu veröffentlichen und bisher geheime Informationen zu enthüllen. Aber Stepaschin benahm sich völlig anders. Mit der Autorität, die er als Demokrat besaß, deckte er de facto die Geheimdienste Leningrads. Er sagte von Anfang an unerschütterlich: »Wenn ihr mir vertraut, dann vertraut mir. Was möglich ist, veröffentlichen wir, wir werden jedoch nichts tun, was dem Staat schadet.« Man muss ihm anrechnen, dass er es geschafft hat, gute Kontakte sowohl zur Einsatztruppe als auch zum Führungspersonal zu knüpfen. Man hat ihm geglaubt, das ist richtig.

Ich habe Stepaschin dann auch noch einige Male in Moskau getroffen, obwohl wir nicht näher miteinander bekannt oder befreundet waren. Aber erinnern Sie sich, nach seinem Ausscheiden aus dem FSK arbeitete er doch im Regierungsapparat. Ich war damals schon in der Administration des Präsidenten. Als damals entschieden wurde, wer Justizminister werden sollte, schlug ich Stepaschin vor. Vorher fuhr ich bei ihm vorbei und fragte: »Sergei, willst du? Ich weiß nicht, was daraus wird, aber ich bin bereit, dich zu unterstützen.« Er sagte ja, weil ihm das Aktenstemmen auf die Nerven ging.

»Ich wunderte mich nicht«

Haben Sie sich gefreut, als Stepaschin zum Premierminister ernannt wurde?

Ja.

Wussten Sie denn, dass damals auch über Ihre Kandidatur als Anwärter auf dieses Amt gesprochen wurde?

Als er zum Premierminister ernannt wurde? Nein. Mir kam nicht einmal der Gedanke.

Er blieb für einige Monate Premier. Und konnte nicht verbergen, wie schmerzlich die Entlassung

für ihn war. Haben Sie selbst mit ihm darüber gesprochen?

Ja, er weiß, dass ich nichts mit seiner Entlassung zu tun habe. Aber es war auf jeden Fall furchtbar unangenehm, als man mich am Tag vor Stepaschins Entlassung anrief und bat, morgens zu Jelzin nach Gorki zu kommen. Wir saßen zu viert da – Boris Nikolajewitsch Jelzin, Stepaschin, Axenenko und ich. Der Präsident teilte Sergei seine Entlassung mit. Stellen Sie sich meine Situation vor! Ich bin doch sein Kamerad. Obwohl es eigentlich nichts gab, wofür ich mich ihm gegenüber hätte rechtfertigen müssen. Aber sollte ich sagen: »Sergei, du wirst auf jeden Fall entlassen.« Das kann man doch nicht laut aussprechen. Es ist unmöglich, so etwas über die Lippen zu bringen. Selbstverständlich war das sehr unangenehm.

Haben Sie denn nach der Sitzung bei Jelzin nicht miteinander gesprochen?

Wir haben uns verabschiedet, und das war's.

Sind Sie bei anderen Treffen niemals mehr auf diesen Morgen zu sprechen gekommen?

Doch. Ich glaube, er war wirklich gekränkt. Nicht mir persönlich gegenüber, aber man konnte es spüren. Mit der Zeit vergisst man das aber. Äußerlich betrachtet hat er nichts getan, wofür man ihn hätte entlassen können. Doch der Präsident war da anderer Ansicht. Er dachte wahrscheinlich nicht nur an die zwei, drei Monate, die Stepaschin Premier war...

Boris Nikolajewitsch lud mich zu sich ein und teilte mir mit, dass er mich zum Premierminister ernennen wolle, allerdings müsse er zuerst noch mit Stepaschin sprechen. Ich war nicht besonders überrascht. Es war bereits klar, dass alles dahin führen würde. Ich meine nicht meine Ernennung, sondern die Amtsenthebung Stepaschins.

Jelzin fragte mich bei diesem Treffen nicht, ob ich damit einverstanden sei, Premier zu werden. Er sagte nur, dass er bezüglich Stepaschin bereits eine Entscheidung getroffen habe.

Übrigens benutzte er in dem Gespräch mit mir nicht das Wort »Nachfolger«. Jelzin sprach über einen »Premier mit Perspektive« und darüber, dass er dies für eine gute Lösung hielt, wenn alles wie geplant abliefe.

Und dann sprach der Präsident bereits in den Medien von mir als dem möglichen künftigen Präsidenten. Es war für jeden zu hören. Als man mich dann mit Fragen überhäufte, antwortete ich: »Wenn der Präsident das gesagt hat, dann mache ich es auch so.« Möglicherweise klang das nicht sehr überzeugt, aber ich konnte damals nicht anders antworten.

Erinnern Sie sich, in welcher Lage damals das Land war? Bis zu den Wahlen blieb praktisch keine Zeit mehr. Boris Nikolajewitsch musste eine Entscheidung treffen. Die Gouverneure spürten sehr wohl, dass alles in der Luft hing, aber sie mussten sich festlegen. Warum wurde denn damals, ehrlich gesagt, die Wahlkoalition Vaterland/Ganz Russland (OVR) gegründet? Weil die Gouverneure keine Alternative hatten. Und eine Alternative muss es geben.

Zum Beispiel die Partei *Jedinstwo*?

Ja.

Ljudmila Putina

Ich bin über die blitzartige Karriere meines Mannes nicht erstaunt. Ich war immer der Ansicht, wenn so etwas passieren soll, dann passiert es eben. Aber manchmal ertappe ich mich bei dem Gedanken: Wie eigenartig, dass ich mit einem Mann verheiratet bin, der gestern eigentlich noch ein völlig unbekannter Stellvertretender Bürgermeister von Petersburg war und heute Premierminister ist. Aber irgendwie habe ich immer geglaubt, dass Wolodja so etwas passieren könnte.

Ich habe keine Angst um ihn. Einen besonderen Stolz verspüre ich auch nicht, aber Bewunderung schon. Er ist sehr zielstrebig, nicht ruhmsüchtig – eben zielstrebig. Er hat immer geschuftet und sein Ziel erreicht, immer lebte er für etwas. Es gibt Leute, die um des Geldes willen arbeiten – er tut es für eine Idee. Ihm machte die Arbeit immer Spaß. Solche Menschen, glaube ich, erreichen viel. Dass ich Premiersgattin bin, wundert mich da schon viel mehr.

Marina Jentalzewa

Putin wurde Premier, und nur wenige Tage danach verstarb sein Vater. Er kam ihn immer an seinen freien Tagen aus Moskau besuchen. Damals hatte Wladimir Wladimirowitsch schrecklich viel Arbeit, aber trotzdem kam er jede Woche wenigstens für einen halben Tag nach Petersburg. Wladimir Wladimirowitsch fürchtete sich sehr davor, keine Zeit mehr für den Abschied von seinem Vater zu haben. Man sagte mir dann, dass er die letzten Stunden vor dem Tod seines Vaters doch mit ihm zusammen verbracht hat.

»Dieses Bürschchen bricht sich das Genick«

Haben Sie nicht innerlich gezittert, als Jelzin Sie vor dem ganzen Land als Nachfolger bekannt gab?

Nein.

Sind Sie so überzeugt von Ihren Fähigkeiten?

Nein, darum geht es gar nicht. Erinnern Sie sich, Selesnjow hat damals gesagt: »Warum haben die das mit Ihnen gemacht? Die haben Sie doch abgehakt.« Alle meinten damals, das ist das Ende. Ich selbst schloss das eigentlich auch nicht aus. Allerdings aus einem anderen Grund.

Ich will versuchen, Ihnen das zu erklären. Alles geschah doch vor dem Hintergrund der Unruhen in Dagestan, die gerade erst begonnen hatten.

Innerlich hatte ich für mich so gut wie abgeklärt: »Das war's, meine Karriere ist damit höchstwahrscheinlich zu Ende, aber meine Mission, meine historische Mission – das klingt nun zwar pathetisch, aber für mich ist es wirklich so – besteht darin, die Lage im Nordkaukasus zu regeln.« Damals war völlig unklar, wie alles enden würde, aber mir – und wahrscheinlich nicht nur mir – war klar, dass »sich dieses Bürschchen im Nordkaukasus das Genick bricht«. Davon war ich überzeugt. Ich sagte mir: »Was soll's, ein bisschen Zeit habe ich ja – zwei, drei, vier Monate, um diese Banditen anständig auseinanderzunehmen. Und dann kann man mich ruhig absetzen.«

Es war klar, dass dort, an den einzelnen Stützpunkten in Tschetschenien, zugeschlagen werden musste. Alles, was in den letzten Jahren insbesondere im Bereich Staatssicherheit getan wurde, ist doch ehrlich gesagt... Wie kann ich es vorsichtig formulieren, ohne dabei jemandem zu nahe zu treten? Dilettantismus... Glauben Sie mir, schon 1990/1991 wusste ich genau – so anmaßend das jetzt auch klingen mag –, dass angesichts der Einstellung der Gesellschaft gegenüber Armee und Geheimdiensten, besonders nach dem Zerfall der UdSSR, das Land schon sehr bald am Rande des Zusammenbruchs stehen würde. Nun zum Kaukasus. Denn was ist die heutige Lage im Nordkaukasus und Tschetschenien wirklich? Die Fortsetzung des Zerfalls der UdSSR. Es ist doch klar, dass man dies irgendwann einmal stoppen muss. In der Tat, eine Zeit lang habe ich gehofft, dass dieser Prozess durch das Wirtschaftswachstum und die Entwicklung demokratischer Strukturen gebremst würde. Aber das Leben und die Praxis haben gezeigt, dass dies nicht der Fall war.

Meine Einschätzung der Situation im August, als die Banditen über Dagestan herfielen, war folgende: Wenn wir das jetzt nicht sofort stoppen, wird es Russland als Staat in seiner heutigen Form nicht länger geben. Damals war es wichtig, den Zerfall des Landes aufzuhalten. Ich ging davon aus, dass ich dies tun und dafür meine politische Karriere aufs Spiel setzte. Das ist ein minimaler Preis, den ich bereit war zu bezahlen. Deshalb war ich völlig ruhig, als Jelzin mich als Nachfolger verkündete. Und alle dachten, dass dies für mich der Anfang vom Ende sei. Na, zum Teufel damit. Ich rechnete mir aus: Einige Monate habe ich, um Streitkräfte, Innenministerium und FSB zu konsolidieren und Unterstützung in der Öffentlichkeit zu finden. Wird mir diese Zeit wohl reichen – das war das einzige, woran ich dachte.

Aber Sie konnten doch nicht eigenständig über den Beginn des Krieges in Dagestan und dann in Tschetschenien entscheiden. Jelzin war Präsident und die Last der ersten missglückten Operation in Tschetschenien lag auf seinen Schultern. Auf Stepaschins übrigens auch.

Stepaschin war ja nicht mehr Premierminister. Was Jelzin angeht, so unterstützte er mich voll und ganz. Er vertraute mir eben. Ich erstattete ihm jeweils über die durchgeführten Maßnahmen Bericht.

Das heißt, er hat sich überhaupt nicht eingemischt?

Wie ich schon sagte: Er hat mir völlig vertraut. Wir sprachen jedoch bei jedem Treffen über die Situation in Tschetschenien.

Das heißt, die gesamte Verantwortung tragen Sie.

Ja, in erheblichem Maße. Mit den Chefs des Verteidigungsministeriums, des Generalstabs, des Innenministeriums fanden fast täglich Treffen statt, und das auch noch zweimal täglich – morgens und abends. Und so kam – sozusagen in mühsamer Handarbeit – die Konsolidierung dieser Kräfte zustande. Zuerst musste ich die Differenzen zwischen den einzelnen Behörden überwinden: Wenn die Armee nicht versteht, was das Innenministerium tut, und der FSB alle kritisiert, aber selbst keinerlei Verantwortung übernimmt, kann es nicht klappen. Wir müssen eine Mannschaft sein, ein einheitlicher Organismus. Nur dann stellt sich ein Erfolg ein.

Sie sprachen von dem wirklich minimalen Preis, den Sie persönlich für den Feldzug im Nordkaukasus zu zahlen bereit waren – Ihre Karriere.

Ist das wirklich soviel? Der Preis jeder militärischen Operation wird doch auch in Menschenleben oder in dem finanziellen Aufkommen gerechnet.

Ich war davon überzeugt, dass uns – wenn wir die Extremisten jetzt nicht aufhielten – nach einiger Zeit ein zweites Jugoslawien auf dem Gebiet der gesamten Russischen Föderation drohen würde, eine Jugoslawisierung Russlands.

Na, dann hätten Sie doch die Freischärler aus Dagestan vertreiben und Tschetschenien mit einem Sicherheitskordon umgeben können...

Das ist sinnlos und technisch nicht möglich.

Sagen Sie, ruft denn die Tatsache, dass Lenin vor vielen Jahrzehnten Finnland weggegeben hat, bei Ihnen negative Assoziationen hervor? Ist denn die Abtrennung Tschetscheniens grundsätzlich unmöglich?

Möglich ist sie schon, aber hier geht es nicht allein um die Abtrennung.

Ich halte unser Vorgehen für absolut verständlich. Ich sage Ihnen, wovon ich mich habe leiten lassen und warum ich so von der Bedrohung überzeugt war, der unser Land ausgesetzt war. Alle sagen: Der ist aber hart, brutal sogar – das ist alles nicht sehr schmeichelhaft. Ich habe aber keine Sekunde daran geglaubt, ja, und auch alle Leute, die wenigstens einigermaßen politisch bewandert waren, wussten schon lange, dass Tschetschenien sich nicht auf seine eigene Unabhängigkeit beschränken würde. Das würde die Speerspitze für weitere Überfälle auf Russland bedeuten.

Die Aggression hatte doch dort begonnen. Die Tschetschenen haben Kräfte gesammelt und das angrenzende Gebiet überfallen. Wofür? Um die Unabhängigkeit Tschetscheniens zu schützen? Natürlich nicht. Um zusätzliche Gebiete zu annektieren. Wäre dann auch noch Dagestan abgetrennt worden, dann wär's aus gewesen. Der gesamte Kaukasus hätte sich von Russland abgelöst, das ist doch klar. Dagestan, Inguschetien, und dann weiter die Wolga hinauf – Baschkortostan, Tatarstan. Diese Bewegung geht doch ins Land hinein.

Wissen Sie, als ich mir die realen Folgen vorstellte, begann ich zu zweifeln. Wenn sich das alles weiter so entwickelt, dachte ich, wie viele Flüchtlinge würde denn Europa, Amerika aufnehmen können? Denn die Desintegration eines derart großen Landes – das wäre selbstverständlich eine globale Katastrophe. Und als ich begann, die Ausmaße der möglichen Tragödie dem, was wir heute dort haben, gegenüberzustellen, zweifelte ich keine Sekunde, dass wir so handeln mussten, wie wir es jetzt tun. Vielleicht sollten wir sogar noch härter durchgreifen. Das Problem war, dass es uns im Fall einer Ausbreitung des Konfliktes an Streitkräften gefehlt hätte. Wir hätten dann überall die Reservisten einberufen und in den Krieg schicken müssen. Ein richtiger großräumiger Krieg wäre die Folge gewesen.

Oder das Einverständnis zur Teilung Russlands hätte gegeben werden müssen. Sofort hätten unzufriedene Chefs einzelner Regionen und Gebiete sich zu Wort gemeldet: Wir wollen in einem solchen Russland nicht leben, wir wollen selbstständig sein. Und los wär's gegangen.

Aber kommen wir nun zur Frage der Selbstständigkeit Tschetscheniens zurück. Angenommen, wir hätten der Unabhängigkeit dieser Republik zugestimmt und die Abtrennung gutgeheißen. Dann wäre die Lage heute ganz anders. Heute akzeptieren alle – und das ist auch richtig so –, dass die territoriale Integrität Russlands gewahrt bleiben muss. Niemand leistet den Terroristen und Separatisten offizielle Unterstützung. Im Fall unserer Zustimmung zu deren Selbstständigkeit hätten jedoch nicht wenige Länder Tschetschenien anerkannt und sofort begonnen, es umfassend und offiziell zu unterstützen. Und unsere Handlungen wären dann bereits als Aggression und nicht als Lösung innerer Probleme angesehen worden. Das ändert die Situation grundlegend und lässt sie für Russland um ein Vielfaches schlechter werden.

Im Sommer des vergangenen Jahres begannen wir unseren Kampf – nicht gegen die Selbstständigkeit Tschetscheniens, sondern gegen die aggressiven Bestrebungen, die sich in diesem Gebiet entwickelten. Wir greifen nicht an. Wir verteidigen uns. Und wir haben sie aus Dagestan gejagt. Aber sie sind wiedergekommen. Wir haben sie wieder verjagt, aber sie sind noch einmal gekommen. Zum dritten Mal haben wir sie hinausgejagt. Und als wir ihnen ernsthaft eine verpassten, sprengten sie Häuser in Moskau, Buinaksk und Wolgodonsk in die Luft.

Haben Sie vor oder nach den Sprengstoffanschlägen beschlossen, die Operation in Tschetschenien weiterzuführen?

Nachher.

Es gibt auch eine Version, die behauptet, die Häuser wären nicht von Tschetschenen in die Luft gesprengt worden, sondern um den Beginn der

Kriegshandlungen in Tschetschenien zu rechtfertigen? Es heißt, angeblich hätten das die russischen Geheimdienste getan?

Was?! Ihre eigenen Häuser in die Luft sprengen? Also wissen Sie... So ein Quatsch! Himmelschreiender Unsinn.

In den russischen Geheimdiensten gibt es keine Leute, die fähig wären, solche Verbrechen gegen ihr eigenes Volk zu begehen. Sogar eine derartige Annahme ist unmoralisch und ihrem Wesen nach nichts anderes als ein Element des Informationskrieges gegen Russland.

»Wir tranken Sekt aus der Flasche«

Ljudmila Putina

Ungefähr drei Wochen vor Neujahr sagte Wolodja: »An Neujahr fliege ich nach Tschetschenien. Kommst du mit?« Ich wunderte mich zuerst: »Ich kann die Kinder doch nicht allein lassen? Und was soll aus ihnen werden, wenn uns beiden etwas zustößt? Nein, ich fliege nicht mit«. Einige Tage später flog ich nach Petersburg, dachte noch einmal ruhig darüber nach, kehrte nach Moskau zurück und sagte Wolodja, dass wir zusammen flögen. Ich weiß nicht, weshalb... Es macht mir Angst, allein zu sein, ohne ihn. Und niemand konnte doch garantieren, dass nichts geschehen würde. Das ist nicht vorhersehbar.

Außer mir flog noch die Frau von Patruschew, dem

Direktor des FSB, mit. Sonst waren nur Männer dabei. Wir flogen nach Machatschkala, stiegen dann in drei Hubschrauber um, die uns nach Gudermes bringen sollten. Aber in Gudermes wollte der Pilot keine Landung riskieren. Die Sichtverhältnisse waren nicht gut genug. Erforderlich sind, glaube ich, 150 Meter Sichtweite, und wir hatten nur 100 Meter. Zwanzig Minuten vor dem Jahreswechsel drehten wir um und flogen zurück. Und um Mitternacht machten wir im Hubschrauber eine Flasche Sekt auf. Becher hatten wir nicht. Wir tranken direkt aus der Flasche. Zwei Flaschen Sekt für alle.

Als wir umkehrten, waren in Gudermes alle der Meinung, dass wir nicht mehr kommen würden. Aber da kennen sie Wolodja nicht. Ich zweifelte keine Minute, dass wir diesen Truppenteil trotzdem noch besuchten. Egal, wann und wie, aber wir würden bestimmt hinkommen. Als wir nach Machatschkala zurückkehrten, sagte er mir: »Bleib doch hier, wir fahren mit dem Auto hin.« Bloß das nicht! Das hätte sich ja dann gar nicht gelohnt. Erst die ganze Strecke herzufliegen, nur um dann hier zu sitzen und auf irgendetwas zu warten! Wir setzten uns also ins Auto. Es war sicher schon halb drei. Nach zweieinhalb Stunden kamen wir bei dem Truppenteil an. Ich habe, ehrlich gesagt, während der ganzen Fahrt geschlafen.

Sie hätten sehen sollen, wie überrascht und begeistert die Jungs dort waren, als wir ankamen. Sie hatten müde, fast ein bisschen entrückte Gesichter. Wenn man ihnen in die Augen sah, hatte man den Eindruck, dass sie sich am liebsten kneifen wollten: »Träumen wir oder ist Putin tatsächlich gekommen, um mit uns Neujahr zu feiern?«

Eine Stunde blieben wir dort und fuhren dann

zurück. Und einige Stunden später ging die Straße, über die wir eben erst gefahren waren, in die Luft. Das war's. Wir flogen nach Moskau zurück. Am 1. Januar waren wir bei Boris Nikolajewitsch eingeladen. Ich sah ihn zum zweiten Mal in meinem Leben.

Mascha

Putins älteste Tochter

Die ganze Zeit lagen wir den Eltern in den Ohren: »Wo werden wir Neujahr feiern?« Und wohl eine Woche vor dem Feiertag sagte Mama, dass sie und Papa zu Neujahr nicht da sind. Sie haben aber nicht gesagt, wohin sie fahren. Meine Schwester und ich haben uns keine besonderen Gedanken darüber gemacht, wohin sie fahren. Wir waren ihnen auch nicht böse. Wir luden eine Freundin ein, und außerdem waren noch unsere Tante und unsere Kusine zu Besuch. Unsere Geschenke hatten wir bereits bekommen. Wir hatten uns einen Computer gewünscht und sogar zwei bekommen – damit jede von uns ihren eigenen hat. Unsere Eltern kamen am nächsten Tag abends zurück und fuhren gleich wieder weg. Wir haben dann erst aus dem Fernsehen erfahren, dass sie in Tschetschenien waren.

Maschas Geburt wurde im »Haus des Neugeborenen« in Leningrad registriert.

Unsere Freunde Ira und Sergei Roldugin sind Maschas Taufpaten.

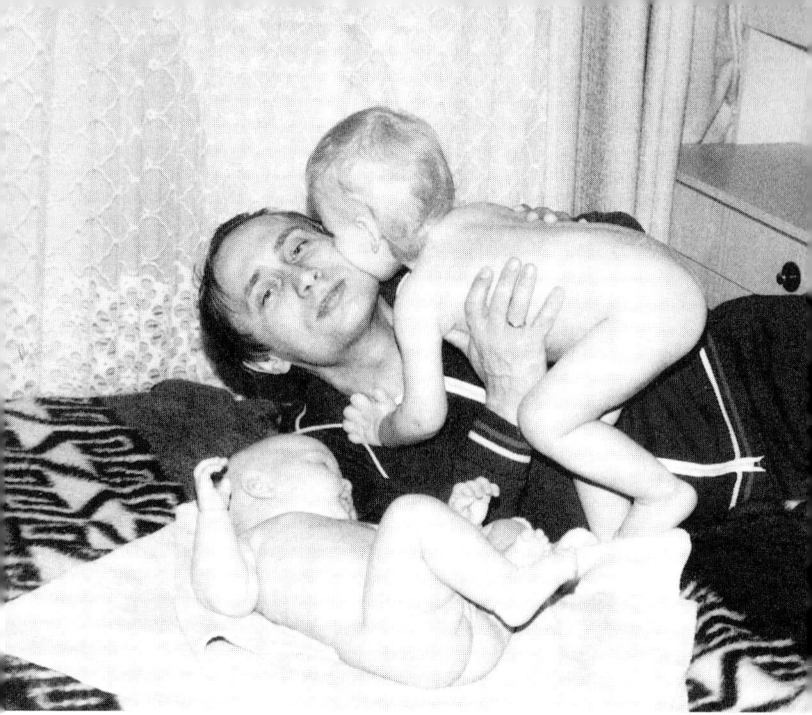

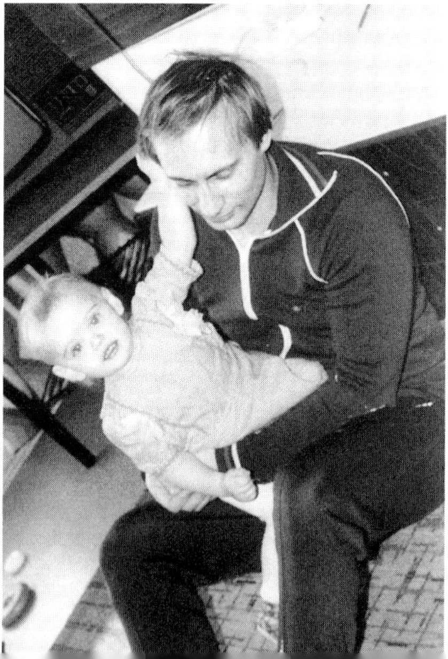

In Dresden kam unsere zweite Tochter Katja zur Welt.

In der DDR arbeitete ich auf dem Gebiet der politischen Aufklärung.

Meine Lieblingsfrauen.

Der kaukasische Schäferhund Malysch war der Liebling unserer Familie.

Mascha (rechts) will Managerin werden, Katja Innenarchitektin.

Ich unternehme gerne Reisen, um Land und Leute kennen zu lernen.

Bereits als Student war ich ein begeisterter Skifahrer.

In Deutschland habe ich ganz schön zugenommen.

Judo ist nicht nur ein Sport, sondern eine Philosophie.

Der Entwurf zu einer Putin-Puppe fürs Fernsehen.

Meine Frau Ljudmila auf der Datscha bei Moskau …

… und ich mit Pudel Toska.

Kurz nachdem das Foto entstand, drehte sich Boris Jelzin zu mir und sagte: »Beschützen Sie Russland.«

Boris Jelzin, der erste Präsident Russlands, verlässt am 31. Dezember 1999 den Kreml.

Jelzins Geburtstag am 1. Februar 2000.

Anatoli Alexandrowitsch Sobtschak war für mich ein väterlicher Freund.

Auf Sobtschaks Begräbnis am 24. Februar 2000.

Mit Bill Clinton bei einem Treffen in Auckland/Neuseeland im September 1999.

Mit Madeleine Albright, Außenministerin der USA.

Im Gespräch mit Innenminister Wladimir Ruschallo.

*Ich selbst spiele nicht Tennis, schaue aber gern zu.
Mit Juri Luschkow beim Kremlpokal im Herbst 1999.*

Der Familienvater

Interview mit Ljudmila Putina

»Lateinamerika wäre auch interessant«

Sie leben nun zwanzig Jahre mit Ihrem Mann zusammen. Wahrscheinlich wissen Sie alles über ihn?

Alles wissen, das gibt es nicht. Jeder Mensch hat unbekannte Seiten, die nie zum Vorschein kommen.

Ist er wortkarg?

Ich würde nicht sagen, dass Wolodja ein schweigsamer Mensch ist. Er spricht sogar sehr gerne über Themen, die ihn interessieren, und mit Menschen, die er interessant findet. Er mag aber nicht über Menschen sprechen, besonders nicht über die, mit denen er zusammenarbeitet. Bei mir ist das umgekehrt. Wenn ich einen Menschen kenne oder im Fernsehen gesehen habe, sage ich meine Meinung über ihn. Wolodja tut das nicht gern.

Na, dann äußern Sie sich doch über jemanden. Über Tschubais zum Beispiel. Kennen Sie ihn?

Flüchtig.

Er ist eigentlich ein Frauentyp.

Ich habe den Eindruck, dass er Frauen nicht für voll nimmt und sie mit einer gewissen Geringschätzigkeit behandelt. Ich bin keine Feministin, aber ich möchte, dass die Frauen einen gerechten Platz in dieser Welt einnehmen.

Also wirken Sie auf Ihren Mann ein? Er spricht immer davon, dass die Frauen bei uns unterbewertet werden.

Das ist wohl kaum mein Einfluss. Unsere Ansichten stimmen nur manchmal überein.

Schaut er denn den Frauen hinterher?

Ich glaube, dass schöne Frauen seine Aufmerksamkeit auf sich ziehen.

Beunruhigt Sie das nicht?

Na, was wäre er denn für ein Mann, wenn er hübsche Frauen nicht attraktiv finden würde?

Ziemlich viele Männer laden zu Hause ihren Frust ab, der sich tagsüber angesammelt hat.

Wolodja hat mich nie mit seinen Problemen belastet. Niemals! Er hat sie immer selbst gelöst. Bevor er das nicht geschafft hatte, hat er nicht einmal darüber gesprochen. Erst dann konnte er etwas erzählen. Aber ich weiß genau, wann er irgendwelche Probleme oder einfach nur schlechte Laune hat. Er kann das nicht sehr gut verbergen. Im Allgemeinen ist er ein ausgeglichener Mensch, aber in solchen Momenten sollte man ihn besser in Ruhe lassen.

Gibt es auch mal Krach?

Kommt darauf an, was Sie darunter verstehen. Wenn Sie zerbrochenes Geschirr und zugeknallte Türen im Sinn haben, dann nein. Er hebt nicht einmal seine Stimme, kann aber ganz schön schroff antworten.

Kommt es vor, dass er sich betrinkt?

Nein, so etwas hat es noch nie gegeben. Er macht sich nichts aus Alkohol. In Deutschland entdeckte er das Biertrinken. Ansonsten trinkt er manchmal etwas Wodka oder Kognak.

Sie haben doch nie im Überfluss gelebt? Oder gab es in Ihrem Leben eine Zeit, zu der Sie am Monatsende noch viel Geld übrig hatten?

Nein, eigentlich gab es das nicht. Wir mussten immer aufs Geld achten. Ich weiß gar nicht. Man muss wahrscheinlich richtig gut im Geschäft sein, um nicht aufs Geld achten zu müssen.

Aber mit den Finanzen in der Familie haben immer Sie sich befasst.

Ja.

Wladimir Putin

Ljuda befasst sich damit meistens auch heute noch. Ich habe mich früher nicht darum gekümmert, und auch jetzt tue ich das nicht.

Geld sparen kann ich nicht besonders. Wofür denn auch? Ich meine, man sollte komfortabel wohnen, sich gut ernähren und anständig kleiden, seinen Kindern eine gute Ausbildung ermöglichen, und manchmal irgendwohin in Urlaub fahren können. Das ist eigentlich alles, wofür man Geld braucht. Wofür denn noch? Ganz allgemein – wenn ich einen Haufen Geld hätte, würde ich viel herumreisen. Ich war selten in exotischen Ländern. In Amerika war ich nur zwei Mal: in New York bei der größten Hitze, und in Los Angeles. Wenn man geschäftlich unterwegs ist, sieht man wenig: Flughafen, Hotel, Verhandlungsraum, Flughafen, und das war's.

Nach Afrika, auf Safari, wollte ich fahren. Nach Kenia. Auch die Kinder wollte ich mitnehmen, habe mich aber dann dagegen entschieden. Denn man muss sich davor impfen lassen. Nach Indien würde ich fahren. In arabischen Ländern war ich auch nicht. Ägypten, Saudi

Arabien würde ich mir gerne ansehen. In Lateinamerika war ich überhaupt nocht nicht. Das wäre auch interessant. Allerdings wird behauptet, es sähe dort so aus wie in der Sowjetunion der fünfziger Jahre.

Zu Hause kochen Sie wahrscheinlich?

Früher ja. Frühstück, Mittagessen und Abendessen habe ich grundsätzlich selbst zubereitet. Jetzt haben wir einen Koch.

Ist Ihnen aufgefallen, dass, sobald jemand bei uns ein wichtiges Amt übertragen bekommt, er sofort zunimmt?

Wolodja trainiert jeden Morgen zwanzig bis dreißig Minuten lang. Und er schwimmt morgens und abends.

Wladimir Putin

Normalerweise esse ich nicht zu Mittag, weil ich es zeitlich nicht schaffe. Tagsüber versuche ich Obst zu essen und trinke Kefir, wenn ich die Möglichkeit dazu habe.

Wenn nicht, esse ich lieber gar nichts. Abends esse ich ganz normal. Abnehmen möchte ich nicht, zunehmen aber auch nicht. Aber Ljudmila hat 15 Kilo abgenommen, das hätte ich gar nicht erwartet. Und meine Mädchen sind zart.

Auf der Datscha des Premiers, wo wir jetzt wohnen, gibt es einen kleinen Swimmingpool, ungefähr 12 Meter lang. Ich versuche, jeden Tag zu schwimmen. Erfahrungsgemäß ist es auch besser, mit dem Training nicht aufzuhören. Sobald man aufhört, muss man sich größere Kleidung kaufen. Ich hatte Ihnen ja bereits erzählt, dass es eine Zeit gab, wo mir Größe 44–46 nicht mehr passte und ich Größe 52 brauchte. Dann riss ich mich zusammen. Ich versuchte, zu Hause wenigstens eine halbe Stunde zu trainieren.

Und überhaupt kann ich Ihnen sagen: Manchmal wird mir das ganze zu dumm. Alle wissen, dass ich früher Kampfsport betrieben habe, also ruft man mich an und sagt: »Wir haben eine Meisterschaft angesetzt. Wann wünschen Sie, dass wir sie durchführen?« Ich ganz verdattert: »Was?« Die sagen darauf: »Im Prinzip haben wir schon einen Termin, aber wann halten Sie es denn für möglich?« Ich entgegne: »Hört mal, macht es, wann ihr wollt.« Doch sie lassen nicht locker: »Wann würde es Ihnen denn passen, Sie kommen doch, oder?« Also, da ist mir der Kragen geplatzt: »Wenn ich kann, komme ich, wenn nicht, dann eben nicht. Stellen Sie sich doch nicht so an!«

»Mit wem soll ich denn sonst Skifahren?«

Sie sind doch bei Sotschi, in Krasnaja Poljana, zusammen Ski gefahren? Haben Sie dieses Hobby in Deutschland schätzen gelernt?

Nein, vorher schon. Aber die Kinder fahren besser Ski als wir. Sie hatten zum Zeitpunkt dieses Urlaubs aber Besuch, deshalb sind sie nicht mit uns gekommen.

Wladimir Putin

Ich fahre schon lange Ski. Früher bin ich am Tscheget in Slawsk – das ist in der Ukraine – gefahren. Auch im Ausland einige Male. Ljudmila fährt auch Ski, und gar nicht schlecht. Als wir im Februar nach Sotschi kamen, waren die Leute dort ganz aus dem Häuschen, als sie uns sahen. Aber sie reagierten sehr gutmütig und menschlich. Vielleicht auch, weil wir keine 150 Mann starke Beamtentruppe um uns herum hatten, die zwar nicht Ski fährt, aber immer bereit ist, die Skistöcke zu halten.

Wir fuhren zum ersten Mal hinunter, ich kam zum Lift, nahm meine Brille ab. Da stand eine Warteschlange und plötzlich riefen einige: »Das gibt es doch nicht!« Und man begann, mich vorbeizulassen. Überhaupt niemand war aufdringlich. Die Leute wollten sich lediglich mit mir fotografieren lassen. Sofort kam ein Haufen Menschen zusammen und wir machten alle gemeinsam ein Foto. Autogrammwünsche habe ich aber abgelehnt, schließlich wollte ich Skifahren und nicht Autogramme geben. Alle Zeit wäre dann dafür draufgegangen. Und lustig war's auch noch. Jemand sagte: »Wie gibt's denn das, Sie fahren hier mit uns allen!« Ich musste lachen: »Mit wem soll ich denn sonst fahren? Mit den Afrikanern? Erstens können die das nicht so gut, und zweitens gibt es dort gar keinen Schnee«.

Warten Sie abends auf Ihren Mann?

Ja. Und ich stehe morgens gemeinsam mit ihm auf. Wissen Sie, bevor er Premier wurde, fiel ihm das Aufstehen morgens leicht, obwohl wir uns um zwölf, ein Uhr nachts erst zu Bett gingen. Der Tag hat ihn weniger ermüdet. Jetzt ist seine Belastung irrsinnig hoch, schlichtweg unmenschlich, möchte ich behaupten. Als ich mir im Fernsehen sein Treffen mit Madeleine Albright ansah, erschrak ich richtig. Er hatte am Vortag mit Müh und Not vier Stunden geschlafen und morgens fand bereits das Treffen mit Frau Albright statt, das drei Stunden dauerte. Und ein einfaches Geplauder ist das ja nicht gerade.

Wundern Sie sich nicht, wie er mit all dem fertig wird?

Natürlich. Wolodja hatte allerdings schon immer eine gute Kondition. Ich erinnere mich, als er noch in Petersburg arbeitete, wurden wir zu einem Empfang in das französische Konsulat eingeladen. Das war ganz am Anfang seiner Karriere. Wolodja verspätete sich, und wir, sieben Personen, warteten auf ihn. Als er dann kam, überschütteten ihn alle mit Fragen, und er gab zwei Stunden lang praktisch eine Pressekonferenz, obwohl wir einfach nur eingeladen waren.

Worüber?

Über alles eigentlich. Ich sah ihn damals zum ersten Mal sozusagen bei der Arbeit. Mit großen Augen saß ich da. Er sprach über Politik, Wirtschaft, Geschichte, Rechtswissenschaft. Ich hörte zu und dachte die ganze Zeit: »Woher weiß er denn das alles?« Aber wissen Sie, ich habe immer irgendwie an ihn geglaubt. So oft hat er bei Null begonnen. Und hatte Erfolg. Auch in Moskau fügte sich alles. Nachdem er nämlich vom Amt des Stellvertretenden Bürgermeisters zurückgetreten war, hatte er es nicht einfach, er hätte auch keine Arbeit finden können. Diese Zeit war überhaupt sehr hart für ihn. Er schwieg, sagte nichts, aber ich verstand das doch. Ich glaube auch jetzt an ihn, obwohl ich ein bisschen Angst um ihn habe.

Der Status Ihres Mannes hat sich ziemlich abrupt verändert; das muss doch Auswirkungen auf Ihr Leben haben, mehr Einschränkungen. Ihre Freunde beispielsweise können sich nicht einfach auf den Weg machen und Sie besuchen kommen. Ihre Töchter wachsen im Großen und Ganzen getrennt von ihren Freunden auf...

Und jetzt auch getrennt von der Schule, weil die Sicherheitsmaßnahmen verstärkt wurden. Mascha ist in der neunten Klasse und Katja in der achten. Die Lehrer kommen zu uns nach Hause. Aber auch ihre Freundinnen kommen hierher. Und sie gehen weiterhin ins Kino, ins Theater... Natürlich ist jetzt ein bestimmtes Maß an Unfreiheit da. Unsere Töchter sind allerdings – toi, toi, toi – sehr reif in Bezug auf das Leben. Ich hoffe, dass diese Veränderungen keine Auswirkungen auf sie haben werden.

Mascha

Ehrlich gesagt würde ich lieber in die Schule gehen. Dort werden natürlich alle möglichen Fragen über Papa gestellt. Leute, die wissen, was sich gehört, fragen nicht, und die, die es nicht wissen, fragen eben. Na die, die furchtbar neugierig sind. Als Papa Premierminister wurde, hat man uns sehr respektiert, auf einmal. Aber wissen Sie, einige wollen sich doch nur einschmeicheln und biedern sich an. Das merkt man gleich. Es gibt solche, die auf der Straße erzählen: Ich kenne die Putina. Aber ich kann sagen, wer mit mir letztes Jahr befreundet war, ist es auch jetzt.

Katja

Putins jüngere Tochter

Eigentlich interessiert uns die Politik überhaupt nicht. Wir rufen Papa, damit er sich Zeichentrickfilme mit uns anschaut, und manchmal kommt er gucken. Unser jetziger Lieblingsfilm ist *Matrix*, aber Papa hat ihn nicht gesehen. Wir wollten ihn mit ihm gemeinsam sehen, aber er sagte, dass er keine Zeit hat und sich den Film später auf jeden Fall anschaut. Wir sind zuerst ins Kino an der Krasnaja Presnja gegangen und haben uns dort die russische Fassung angeschaut. Dann haben wir uns die englische Videokassette gekauft. In der Schule lernen wir drei Sprachen: Deutsch, Englisch und Französisch.

Mascha

Und wir bekommen sehr viele Hausaufgaben. Auch wenn wir nicht in die Schule gehen, bekommen wir trotzdem Hausaufgaben...

Katja

Im Kino werden wir bewacht. Da sitzt ein Mann, der sich den Film anschaut und uns gleichzeitig bewacht, glaube ich zumindest. Überhaupt bemerken wir die Bewachung fast gar nicht. Sogar wenn wir mit Freunden irgendwo hingehen, sind sie in der Nähe, und versuchen nicht zu stören. Wir haben sie schon tausend Mal gerufen, damit sie mit uns Kaffee trinken, aber das lehnen sie ab.

Ihre Töchter fühlen sich offensichtlich wohl zu zweit? Wollten Sie zwei Kinder so kurz hintereinander bekommen?

Wolodja wollte das. Er liebt die Mädchen wirklich sehr. Nicht alle Männer kümmern sich so rührend um ihre Kinder wie er. Er hat sie auch immer verwöhnt, und ich musste sie erziehen.

Wollte er denn keinen Jungen?

Er hat immer gesagt: »Was Gott gibt, das ist auch gut.« Er hat nie gesagt, dass er einen Jungen möchte.

Und das weiße Fellknäuel, das da drüben bei der Tür liegt – ist das ein Mädchen oder ein Junge?

Ein Mädchen – Toska, ein Zwergpudel, aber jetzt sieht sie mehr aus wie ein Schoßhündchen. Wir haben sie lange nicht geschoren. Wolodja nahm sie anfangs nicht ernst. Zu klein. Aber jetzt mag er sie richtig gern.

Sprechen Mascha und Katja über die Zukunft? Was für Vorstellungen haben sie?

Mascha denkt ernsthaft über das Management nach, und Katja sagt, dass sie Designerin werden und Möbel entwerfen möchte.

Die Mädchen sehen ihren Vater wahrscheinlich sehr selten.

Öfter im Fernsehen als zu Hause. Aber er geht immer zu ihnen, egal wann er kommt. Wir haben mit Mascha und Katja vereinbart, dass sie um elf Uhr zu Bett gehen müssen. Wenn sie zu spät dran sind, dürfen sie am Samstag niemanden einladen. Das ist streng, aber sonst würden sie noch nachts herumsitzen. Ich finde, sie können selbst entscheiden. Wenn sie bis drei Uhr auf sind, dann wissen sie, welche Folgen das hat.

Aber ihren Papa können sie um den Finger wickeln?

Wladimir kann keiner um den Finger wickeln.

»Frauen sind begabt und Männer – einfach nur berühmt«

Welches Buch lesen Sie gerade? Ist es in deutscher Sprache?

Ja, dieses Buch hat mir die Lehrerin meiner Töchter geschenkt. Sie ist Deutsche. Ein sehr interessantes Geschenk, und rührend. Ich habe es noch nicht ausgelesen.

Wladimir Putin

Wissen Sie, wie das Buch heißt?

Meine Frau hat es so in etwa übersetzt mit »Fähige Frauen im Schatten großer Männer«. Das ist nicht ganz präzise. Die genaue Übersetzung muss heißen »Das Schicksal der begabten Frau im Schatten berühmter Männer«. Ich glaube, so klingt das weitaus unangenehmer für Männer. Frauen sind begabt, und Männer – einfach nur berühmt.

Frauen, die im Schatten von Politikern stehen, haben wahrscheinlich kein einfaches Leben. Eine Frau will doch Aufmerksamkeit, sie möchte auf Händen getragen werden...

Mich braucht man nicht auf Händen zu tragen. Ich gehöre wahrscheinlich eher zu der Kategorie Frau, über die gesagt wird: »Sie fürchten kein scheuendes Pferd und fliehen kein brennendes Haus.«

Aber alle wollen etwas über die Frauen berühmter Politiker erfahren. Hat die Presse es schon geschafft, Sie zu kränken?

Der Begriff kränken trifft nicht ganz zu. Kränken kann einen nur eine nahestehende Person, die einem nicht gleichgültig ist. Unangenehm – das kommt vor. Unangenehm ist es beispielsweise, wenn Journalisten zu meiner Mutter oder Schwester kommen und ein Interview wollen. Ohne jegliche Voranmeldung, sie nutzen ihre Offenherzigkeit aus. Unangenehm ist es, wenn irgendwo in deiner Biographie gegraben wird. Unangenehm sind Lügen.

Welches Verhältnis hat Ihr Mann zur Presse? Schaut er Fernsehen?

Nachrichten, manchmal Filme.

Reagiert er irgendwie?

Entweder lacht er oder er ist empört oder er bekommt schlechte Laune. Er reagiert meist emotional, würde ich sagen. Und abends am Samstag oder Sonntag, wenn er zu Hause ist, sieht er sich aktuelle Berichte an.

Wladimir Putin

Ich lese alle Zeitungen. Richtige Zeitungen, und keinen Digest. Egal, in welcher Reihenfolge. Ich fange mit der an, die oben liegt. Ich lese Iswestija, Komsomolskaja Prawda, Sowjetskaja Rossija, Kommersant... Die Nachrichten schaue ich mir an, wenn ich Zeit habe. Die Unterhaltungssendung *Kukly* habe ich mir nur ein paar Mal angesehen. Mich regt das nicht auf, aber meine Freunde sind beleidigt. Na, die Freunde haben vielleicht auch ein Recht dazu.

Haben Sie Freunde?

Ich habe drei Freundinnen.

Und Ihr Mann?

Mir kam es immer so vor, als ob Wolodja halb Petersburg kennen würde. Wir hatten immer ein volles Haus. Besonders an freien Tagen. Aber auch werktags. Immer schaute jemand vorbei. Hauptsächlich auf Wolodjas Initiative hin. Er liebt den Umgang mit Menschen, anders würde er, glaube ich, jetzt diese Belastung nicht aushalten. Auch hierher kommen Freunde aus Petersburg. Sie bleiben bei uns zu Gast.

Wladimir Putin

Mir fehlt tatsächlich etwas, wenn ich mich nicht ausreichend mit meinen Freunden unterhalten kann. Ich habe nämlich sehr gute Freunde. Und das ist wirklich ein Teil unseres Lebens, das sind wir, ein Teil unserer selbst. Ich habe das ganz besonders gespürt, als ich ins Ausland ging. Die ersten Jahre vermisste ich meine Freunde sehr. Ohne sie ist es einfach leer und einsam. Trotz meiner Belastung bei der Arbeit, trotz Familie und Haus. Ich habe begriffen, dass wir uns selbst in unseren Freunden zum Ausdruck bringen. Nach dem dritten Jahr in Deutschland begann die Zeit der Anpassung, neue Kontakte entstanden. Und plötzlich merkte ich besorgt, dass es mich gar nicht in den Urlaub zog. Wirklich! Ich bin sogar erschrocken.

Ich habe viele Bekannte und eine Handvoll mir nahestehender Menschen. Die sind mir auch geblieben. Und haben mich niemals verraten oder im Stich gelassen. Ich sie auch nicht. Das ist meiner Meinung nach das wenige, das es hochzuhalten gilt. Ich weiß gar nicht, wofür man Freunde überhaupt verraten oder im Stich lassen kann. Karriere? Ich finde eine Karriere um der Karriere willen nicht sehr erstrebenswert. Nur als Möglichkeit, sich selbst zu verwirklichen und etwas Interessantes zu tun. Aber wie kann man sich selbst verwirklichen, wenn man sich selbst verrät? Ich sehe das so, ganz einfach. Wenn man die Karriere als Mittel ansieht, an die Macht zu kommen, um zu kommandieren und Geld zu verdienen, und man bereit ist, alles andere dafür aufzugeben – na, dann ist das eine andere Sache. Aber wenn du Prioritäten im Leben hast, Orientierungspunkte und Werte, dann verstehst du, dass es keinen Sinn hat, dich selbst und diejenigen, die ein Teil von dir sind, zu opfern. Das hat einfach keinen Sinn. Der Verlust ist höher als der Gewinn. So ist das eben.

Sie müssen wahrscheinlich auf Empfänge gehen, sich mit Ihrem Mann in der Öffentlichkeit zeigen, sich präsentieren, auf die Etikette achten. Belastet Sie das nicht?

Na, wenn ich jemanden zum Plaudern habe, dann nicht. Was die Kleidung angeht, so ist das sogar angenehm. Eine Frau findet es immer angenehm, sich schön zu kleiden. Eine andere Geschichte ist, dass mich Politik nie besonders interessiert hat. Ich finde das langweilig.

Was ziehen Sie lieber an – Röcke oder Hosen?

Jetzt Röcke, früher Hosen. Im Alltag kleide ich mich gern leger – Rock und Pullover. Zu offiziellen Anlässen muss ich jetzt Kostüme tragen.

Früher kleideten sich die Frauen des Führungspersonals in einem abgeschlossenen

Bereich des Kaufhauses GUM ein. Wohin fahren Sie denn, wenn Sie etwas kaufen wollen?

In normale Läden, wie alle anderen auch. Vor kurzem war ich bei Escada und habe mir eine Hose und einen Pullover gekauft – ich trage die Sachen übrigens gerade. Eine Woche lang habe ich Stiefel in der Stadt gesucht, konnte aber keine finden. Nichts hat gepasst.

Kaufen Sie auch die Kleidung für Ihren Mann?

Das habe ich eine Zeit lang getan. Und heute auch noch manchmal. Er hat Kleidung nie eine besondere Bedeutung beigemessen. Er hatte immer zwei, höchstens drei Anzüge. Und auch Jeans, Hemden. Zu Hause trägt er Jeans und Pullover. In Bezug auf Kleidung ist er sehr anspruchslos. Jetzt achtet er mehr darauf, weil er immer in der Öffentlichkeit ist, aber das ist auch schon alles.

Vielen ist aufgefallen, dass früher die Ärmel seiner Anzüge immer etwas zu lang waren. Aber jetzt ist alles in Ordnung.

Früher wäre es meine Aufgabe gewesen, sie umzunähen, aber ich war einfach zu faul. Jetzt haben wir die Möglichkeit, das im Atelier machen zu lassen.

Wenn Sie ihm eine Krawatte kaufen, zieht er die dann widerspruchslos an?

Nur wenn sie zu Hemd und Anzug passt. Widerspruchslos macht er nichts.

Früher hatten Sie langes Haar und nun einen Kurzhaarschnitt. Wo lassen Sie sich die Haare schneiden?

Bei Irina Baranowa. Zu ihr ging auch Naina Iosifowna Jelzina. Ich finde, Irina ist eine Meisterin ihres Fachs. Sie hat ihren eigenen Salon.

Und wer schneidet Ihrem Mann die Haare?

Es gibt Friseure im FSB. Seine Frisur war ihm auch nie besonders wichtig. Ich mag es gerne, wenn er die Haare ganz kurz geschnitten hat.

Fahren Sie denn zusammen in Urlaub?

Früher ja. Zweimal waren wir auf der Kurischen Nehrung. Außerdem sind wir ins Ausland gefahren. Und jetzt... wissen Sie, ich mache keine Pläne mehr. Früher machte ich Pläne, und wenn sie dann platzten, oder daraus nichts wurde, tat mir das immer unendlich weh – mir ging es schlecht und ich war böse. Und dann habe ich daraus Konsequenzen gezogen: Am einfachsten ist es, nichts zu planen – keine gemeinsamen Freizeitaktivitäten, Feiertage oder Urlaube –, so erlebt man auch keine Enttäuschungen.

Sie haben das irgendwie sehr traurig gesagt.

Aber nein. Mir war doch klar, dass es so sein würde. Wäre ich letztendlich nur an meinem persönlichen Schicksal interessiert, dann hätte ich meinem Mann irgendwann gesagt: »Wolodja, ich flehe dich an, wir brauchen doch das alles nicht. Halten wir uns lieber raus aus dem Rampenlicht. Lass uns unser Leben anders leben.« Das habe ich aber nicht getan.

Der Politiker

Ihre Frau erzählte uns, dass Sie im französischen Konsulat einmal eine improvisierte Pressekonferenz gaben und zwei Stunden lang Rede und Antwort standen. Riskieren Sie auch ein Gespräch mit uns?

Worüber werden wir sprechen?

Über alles.

»Die Armee geht in die Kasernen zurück«

Es ist mehr oder weniger klar, welches Ziel Sie in Tschetschenien erreichen wollen, nämlich die endgültige Niederschlagung der Freischärler. Was passiert danach in Tschetschenien?

Sie haben Recht, zunächst muss die militärische Operation beendet werden. Was bedeutet das? Die großen Banditengruppierungen, das heißt, Gruppen mit einem Dutzend und mehr Freischärlern, müssen zerschlagen werden. Gleichzeitig ist die Rolle der Institutionen der Rechtsordnung zu verstärken, die Organe der staatlichen Macht und Verwaltung müssen wieder aufgebaut werden. Mit sozialen Fragen – Schulen, Krankenhäusern – muss man sich befassen. Arbeitsplätze müssen aktiv geschaffen werden. Danach müssen Wahlen durchgeführt werden.

Es ist sogar notwendig, Ergänzungswahlen für die Vertretung Tschetscheniens in der Duma durchzuführen; die Republik muss ihren eigenen Abgeordneten haben. Je nachdem, wie sich die Lage entwickelt, ist die Einführung einer direkten Präsidialregierung möglich.

Direkte Präsidialregierung? Für welchen Zeitraum?

Für eineinhalb bis zwei Jahre. Währenddessen sind dort alle Organe der staatlichen Macht und Verwaltung vollständig wiederherzustellen, um dann zu anderen politischen Verfahren überzugehen: Wahlen der lokalen Machtorgane, des Oberhauptes der Republik. Vorher sind die erforderlichen Grundlagen zu schaffen und Leute einzuarbeiten, auf die man sich verlassen kann.

Werden diese Leute aus Moskau ernannt? Sind es Russen, Tschetschenen?

Hier sind unterschiedliche Möglichkeiten denkbar, unter anderem auch die einer gemischten Führungsriege. Wege gibt es in diesem Zusammenhang viele. Entscheidungen müssen getroffen werden. Die Auswahl darf nicht nach nationalen, sondern muss nach fachlichen Gesichtspunkten erfolgen.

Das hat es doch schon gegeben, allerdings in einer anderen Form – Wahlen, Machtorgane und soziale Hilfe. Und dann haben sich die Freischärler ruckzuck Grosny zurückerobert. Und jetzt haben wir keinerlei Gewähr dafür, dass sich das nicht wiederholen wird.

Ich glaube doch. Ich kann es nur noch einmal wiederholen: Die Banditen werden vernichtet. Wer eine Waffe in die Hand nimmt, wird vernichtet. Und mit allen anderen sind wir willens, zu verhandeln. Sie sollen sich ruhig ein Oberhaupt für ihre Republik wählen. Wir sind bereit, ein Abkommen mit Tschetschenien zu unterzeichnen. Wie viele solcher Abkommen über die Abgrenzung von Befugnissen haben wir schon? Die Menschheit hat ungeheuer viele Varianten jedweder Art für das Zusammenleben verschiedener Völker innerhalb eines Staates entwickelt. Ja, ein Kompromiss muss gesucht werden, und wir werden ihn suchen. Aber niemals wird uns irgendjemand mit Gewalt eine Entscheidung aufzwingen.

Aber zwingen wir uns den Tschetschenen nicht mit Gewalt auf? Sie glauben doch nicht, dass auch nur ein Tschetschene übrig ist, der nicht für jemanden Rache nehmen möchte?

Russland ist zu den Maßnahmen, die es heute in Tschetschenien durchführt, provoziert worden. Die Banditen haben doch Tschetschenien, ihr eigenes Volk, bestohlen. Drei Jahre lang haben sie den Leuten ihre Löhne, Renten, Unterstützungen gestohlen. Und die Mehrheit der tschetschenischen Bürger ist heute der Ansicht, dass an allem diejenigen schuld sind, die Tschetschenien diese Jahre über angeführt haben.

Aber Sie wollen doch ein Diktat einrichten.

Nichts dergleichen. Wir wenden Gewalt nicht gegen das Volk, sondern gegen die Banditen an. Sie waren es doch, die den Tschetschenen diktieren wollten, wie sie zu leben und wen sie anzubeten haben. Wir stellen Ordnung her, in der Republik wird es ruhig und friedlich sein, dann gehen wir zu Wahlen über und werden daraufhin bereits mit der neuen Führung vereinbaren, wie die Abgrenzung der Befugnisse zwischen Tschetschenien und dem föderalen Zentrum auszusehen hat, wobei alle sich gleichermaßen bewusst sind, dass wir ohnehin zusammen leben werden.

Haben Sie andere Vorschläge? Wieder abziehen, alles stehen und liegen lassen und warten, bis man uns wieder angreift? War das denn kein Verbrechen? Wir haben damals die einfachen Tschetschenen im Stich gelassen und Russland gefährdet.

Und die Armee?

Die Armee erledigt ihre Aufgabe und geht zurück in die Kasernen.

»Wir sind Europäer«

Tschetschenien – das ist doch nicht das ganze Land. Was braucht das Land Ihrer Ansicht nach in erster Linie? Was ist am wichtigsten?

Exakte und klare Ziele zu definieren. Und nicht nur nebenbei darüber zu sprechen. Diese Ziele müssen für jeden verständlich und zugänglich sein. Wie der Kodex des Begründers des Kommunismus.

Und was setzen Sie an die erste Stelle in diesem Kodex?

Moralische Werte.

Werden wir wieder einen Sonderweg für Russland suchen?

Wir brauchen nichts zu suchen, alles ist bereits gefunden. Das ist der Weg der demokratischen Entwicklung. Natürlich ist Russland kein einheitliches Land, aber wir sind ein Teil der westeuropäischen Kultur. Und darin liegt unser eigentlicher Wert. Wo auch immer unsere Leute leben – im Fernen Osten oder im Süden –, wir sind Europäer.

Nun sollte Europa nur noch der gleichen Ansicht sein.

Wir werden uns bemühen dort zu bleiben, wo wir geografisch und geistig sind. Und wenn man uns von dort verdrängen möchte, werden wir gezwungen sein, Bündnisse zu suchen, uns zu stärken. Wie denn auch sonst? Das ist unerlässlich!

»Hätten Sie denn das Flugzeug umkehren lassen?«

Worin besteht das Problem unserer Beziehung zur NATO?

Darin, dass wir nicht vollständig in die Entscheidungsprozesse eingebunden sind. Wenn wir vollständig an der Ausarbeitung von Beschlüssen beteiligt sind, sehe ich hier keine Probleme.

Die Situation in Jugoslawien hat gezeigt, dass Beschlüsse auch ohne Russland gefasst werden können.

Darum geht es ja gerade! Solche Beziehungen brauchen wir nicht.

Sie waren doch Sekretär des Sicherheitsrates, als die Ereignisse in Jugoslawien begannen. Haben sich der Präsident und der Premierminister für Ihre Meinung interessiert?

Der Präsident hat diese Fragen direkt mit dem Verteidigungs- und dem Außenministerium entschieden.

Hätten Sie denn anstelle von Primakow das Flugzeug über dem Atlantik umkehren lassen?

Schon möglich. Primakow war in einer sehr schwierigen Lage. Ja, er hätte bis nach Washington fliegen und seinen Besuch als Plattform nutzen können, um die Position Russlands darzulegen. Aber auch die Amerikaner hätten das für ihre eigenen Ziele verwenden können, nämlich die Ankunft des russischen Premiers als Zeichen dafür zu deuten, dass Russland der vorgeschlagenen Lösungsvariante für das Jugoslawienproblem zustimmt.

Das Verfahren zur Problemlösung, das man für Jugoslawien auswählte, war nach dem Zerfall der UdSSR vorbestimmt.

Warum dann diese Demonstrationen, wenn das geschwächte Russland sowieso nichts machen kann?

So ist das nicht. Russland kann auch in seiner heutigen Lage viel tun. Man hätte vorher, vor Beginn der Bombardierungen in Jugoslawien, die Situation analysieren und feststellen müssen, welche Ressourcen wir haben, um auf die Entscheidung unserer Partner einzuwirken. Man hätte aktiver mit denjenigen Ländern arbeiten können, die eine solche Entwicklung der Ereignisse nicht wollten.

»Sie werden da sein – wo und wann bestimmen wir«

Lassen Sie uns nochmals auf Tschetschenien zurückkommen, wenn wir schon die Integration innerhalb Europas ansprechen. Wäre es für Sie vorstellbar, dass eine Friedenstruppe in Tschetschenien stationiert wird?

Nein, das ist ausgeschlossen. Würden wir Tschetschenien als unabhängigen Staat anerkennen, dann ja. Dann könnte es egal welche Friedenstruppen zu sich hereinholen.

Es wurde aber gesagt, dass auch der Kosovo im Verbund Jugoslawiens bleibt, und trotzdem sind Truppen einmarschiert.

Deshalb akzeptieren wir auch keine Version des Kosovokonflikts. Es gibt nichts, was an eine Analogie der jugoslawischen Ereignisse erinnern könnte, und es wird auch nichts geben. Um so mehr, weil alles, was die Bündnispartner der Allianz erreicht haben, doch in der Praxis das genaue Gegenteil von den ursprünglichen Zielen der NATO ist.

Sie sagen »wir akzeptieren nicht«. Hat man etwa Varianten vorgeschlagen?

Sagen wir mal, ein Vermittler wird zur Lösung des Konflikts in Tschetschenien vorgeschlagen. Wir brauchen dort aber keine Vermittler. Das wäre der erste Schritt zur Internationalisierung des Konflikts. Zuerst die Vermittler, dann noch irgendwer, dann die Beobachter, dann Militärbeobachter, dann ein begrenztes Truppenkontingent. Und so weiter und so fort...

Und Beobachter, nehmen wir an, von der OSZE?

In Tschetschenien? Nach Abschluss der Kampfhandlungen und Zerschlagung der Banditengruppierungen. Sie werden da sein – und zwar dann und dort, wann und wo wir es sagen, wo wir es genehmigen und für zweckmäßig erachten.

Bei einer solchen Haltung wird Europa wohl nicht begeistert sein.

Es kommt darauf an, welches Europa. Lassen Sie uns das jetzt klären. Ja, die Welt und auch Europa haben sich verändert, das ist kein Geheimnis. Die UN-Charta ist unter Berücksichtigung einer anderen Kräfteverteilung in der Welt erstellt worden – wir waren damals die wichtigsten Sieger des Zweiten Weltkriegs.

Jetzt sind wir leider schwächer geworden, aber die UN-Charta bleibt weiterhin in Kraft. Das ist nicht allen recht. Man versucht, sie irgendwie zu ändern und auszutauschen, zum Beispiel durch NATO-Beschlüsse. Wir dürfen das nicht akzeptieren.

Viele haben übrigens vergessen, dass Ende der vierziger Jahre, als die NATO gegründet wurde, die Sowjetunion diesem Block beitreten wollte. Aber man hat uns nicht gelassen. Als Reaktion darauf haben wir zusammen mit den osteuropäischen Ländern den Warschauer Pakt gegründet, der heute nicht mehr existiert – das war eine Reaktion auf die Gründung der Allianz.

Sollte man nicht wieder auf die Idee eines NATO-Beitritts zurückkommen?

Darauf zurückkommen kann man schon, aber jetzt ist wohl kaum der richtige Zeitpunkt. Die Frage ist, um welche NATO es hier geht. Wenn die NATO gemeint ist, die entgegen der UN-Beschlüsse im Kosovo agiert hat, dann ist für uns sogar eine theoretische Diskussion darüber uninteressant. Wenn aber von einer ernsthaften Transformation dieses Blockes die Rede ist, einer Umwandlung in eine vorwiegend politische Organisation, die zu einem konstruktiven Zusammenwirken mit Russland bereit ist, so ist das etwas, worüber gesprochen werden kann.

Kurz gesagt, ich sehe keine Gründe, die einer Entwicklung der Zusammenarbeit Russlands mit der NATO entgegenstehen würden, aber – ich wiederhole – nur unter der Bedingung, dass Russland als gleichwertiger Partner angesehen wird.

Auf jeden Fall aber ist davon auszugehen, dass dies in weiter Ferne liegt. Es gibt doch eine ganze Menge Probleme politischer, wirtschaftlicher und militärischer Art. Zum Beispiel beschließt jeder Block Rüstungsstandards – die NATO ist hier keine Ausnahme –, und das beeinflusst verständlicherweise in erheblichem Maße die Rüstungsindustrie.

Was denken die NATO-Mitglieder selbst darüber?

Ich glaube, sie werden den inneren Zerfall der NATO fürchten. Ich verstehe sie auch sehr gut. Wir sind eine zu mächtige Dominante. Jetzt gibt es eine – die USA – und dann taucht noch eine zweite auf, die allerdings nicht so mächtig ist wie die erste. Aber das Gleichgewicht könnte gestört werden, und die Gründungsväter der NATO befürchten, dass sich die Organisation stark verändern würde. Unserer Ansicht nach zum Besseren, ihrer Meinung nach möglicherweise zum Schlechteren.

Trotzdem ist das nicht klar. Russland hat also die NATO kritisiert, weil es nicht als vollwertiger Partner an der Lösung des Jugoslawienproblems beteiligt wurde. Und wenn es beteiligt worden wäre?

Darum geht es ja gerade. Wären wir beteiligt worden, hätte es diese Entscheidung überhaupt nicht gegeben. Wir hätten in jedem Fall einer solchen Einmischung in die inneren Angelegenheiten eines anderen Landes nicht zugestimmt. Sie lässt sich durch keinerlei Erwägungen rechtfertigen, auch nicht durch eine sogenannte humanitäre Intervention. Ich denke, dass die ganze Operation ein grober Fehler für die internationalen Beziehungen war, ein Verstoß gegen die grundlegenden Prinzipien des internationalen Rechts.

War der Einmarsch der Truppen des Warschauer Pakts 1956 in Ungarn und 1968 in der Tschechoslowakei auch ein grober Fehler?

Sie haben vergessen, dass wir auch 1953 in Deutschland Gewalt angewendet haben. Das waren meiner Ansicht nach sehr große Fehler. Und die Angst vor den Russen, die wir heute in Osteuropa haben, ist eben die Folge dieser Fehler.

Und überhaupt: Wir haben doch die Beziehungen Russlands zu Europa begonnen und sind dann ganz auf die NATO übergegangen. Bei aller nordatlantischen Ausrichtung der heutigen europäischen Politik darf man dennoch nicht vergessen, dass die NATO und Europa nicht dasselbe sind. Wie ich schon gesagt habe, sind auch wir ein Land mit europäischer Kultur – aber nicht mit NATO-Kultur.

»Der Staat will und kann«

Wir sagen die ganze Zeit, dass Russland geschwächt ist; deshalb existieren in unserem Land und auch außerhalb eine ganze Menge Probleme. Ihre These: Das Staatswesen muss wiederhergestellt werden, wir brauchen einen starken Staat. Das ist klar. Aber bedeutet das denn, dass wir auch das Staatseigentum wieder einführen müssen?

Natürlich nicht. Wir müssen dort, wo das erforderlich ist, Staatseigentum in einem begrenzten Umfang haben. Zum Beispiel im Bereich der Verteidigung.

Das heißt, der private Sektor muss erweitert werden?

Zuerst muss das Eigentumsrecht garantiert werden. Ich bin der Ansicht, dass es zu den wichtigsten Aufgaben des Staates gehört, Regeln zu schaffen, allgemeingültige Regeln: in Form von Gesetzen, Anweisungen, Verordnungen. Und zweitens sind diese Regeln einzuhalten, ihre Einhaltung muss sichergestellt werden.

Solche Anweisungen und Regeln, Verordnungen und Gesetze sind ja schon bis zum Abwinken erstellt worden, und mit welchem Ergebnis?

Da haben Sie Recht. Deswegen ist das Vertrauensdefizit des Volkes gegenüber dem Staat so groß. Schauen Sie, wie viele Gesetze aller Art im sozialen Bereich erlassen wurden. Nehmen wir zum Beispiel kostenlose Fahrscheine für Angehörige des Militärs. Erlassen wurden diese Gesetze ja, aber in der Realität müssen Armeeangehörige zahlen. Es gibt eine ganze Menge solcher Beispiele. Um diese Situation zu ändern, muss sich der Staat zu unpopulären Maßnahmen entschließen.

Welche unpopulären Maßnahmen?

Soziale Verpflichtungen, die der Staat in den letzten Jahren übernommen hat und die durch nichts begründet oder gesichert sind, müssen revidiert werden. Das ist unvermeidbar.

Was heißt das konkret? Zum Beispiel bei den kostenlosen Fahrscheinen für Militärs?

Bitteschön. Wäre es denn nicht besser, einigen Kategorien von Staatsbürgern, unter anderem auch den Armeeangehörigen, höhere Löhne und Gehälter zu bezahlen? Sogar wenn sie nur etwas mehr Geld bekommen, werden sie ihre Fahrten selbst bezahlen können und in keine erniedrigende Lage geraten. Aber wenn der Staat schon gesagt hat, dass er diesen Mitbürgern, sagen wir mal, eine Fahrtkostenerstattung bezahlt, dann muss er das auch tun.

Ich bin überzeugt, dass die linke Opposition sofort heftige Kritik äußern wird, die Leute würden um ihre Vergünstigungen gebracht, und dies sei ein weiterer Schlag gegen die benachteiligten Arbeiter, die ohnehin schon kein leichtes Leben haben. Aber eine Staatsmacht, die ihre Verpflichtungen nicht erfüllt, ist überhaupt keine Staatsmacht. Deswegen ist das Misstrauen ihr gegenüber auch jetzt so groß.

»Partei mit ideologischen Kakerlaken«

Treffen Sie denn Absprachen mit den Linken, weil sie Ihnen von Nutzen sein können, wenn Sie unpopuläre Entscheidungen fällen? Und brauchten Sie Selesnjow deshalb so sehr als Sprecher der Duma?

Brauchen? Nein, im Gegenteil, ich habe Selesnjow und Sjuganow gesagt: Findet ein frisches Gesicht, auch wenn es jemand von euch ist.

Aber trotzdem von den Kommunisten! Na, nun haben Sie ja ein richtig frisches Gesicht bekommen...

Hören Sie mal, in unserer Duma wurde immer mit den Kommunisten zusammengearbeitet. Kein einziges Gesetz ging ohne Unterstützung der Kommunisten durch. Und eine Absprache, um ernsthaft über dieses Thema zu sprechen, gab es auch nicht. Mir scheint, es gibt zwei Wege in Bezug auf die Kommunisten. Sie haben alle Chancen, eine moderne parlamentarische Partei im europäischen Sinne dieses Wortes zu werden. Wir haben sehr viele Parteien, Gruppen, Gruppierungen, Vereinigungen ohne jegliche soziale Basis. Und da sind die Kommunisten die einzige große, wirklich bedeutende Partei mit einer sozialen Grundlage, aber mit ideologischen »Kakerlaken«.

Nennen Sie die »Kakerlaken« beim Namen.

Zum Beispiel die Forderung nach Enteignung und Verstaatlichung. Das wird es bestimmt nicht geben. Eine neue Tragödie mit ungeheuren Ausmaßen wird es nicht geben. Und es wird keine Partnerschaft mit den Kommunisten geben, solange sie diese Position einnehmen. Wenn in den vergangenen Jahren irgendwelche unrechtmäßigen Handlungen passiert sind und dies durch ein Gericht festgestellt und nachgewiesen worden ist, so ist das eine andere Sache. Aber Verstaatlichung und Enteignung an sich, ohne gerichtliches Verfahren, sind eine Katastrophe. Schon allein deshalb, weil sie zur Willkür führen.

Entweder ändern die Kommunisten ihre Programmvorstellungen – dann werden sie zu einer bedeutenden linken Partei, ich sage es noch einmal, europäischen Typs – oder sie schaffen das nicht, dann verlieren sie ihre soziale Grundlage in dem Maße, wie diese dem natürlichen Schwund unterworfen ist, und werden daraufhin allmählich von der politischen Bühne abtreten.

Die Kommunisten selbst sind wohl kaum dieser Ansicht.

Die Parteispitze versteht all diese Dinge, so überraschend das auch scheinen mag. Und sie bereitet sich meiner Ansicht nach auf eine Veränderung der Partei vor. Heute kann sie noch nichts ändern, weil sie fürchten muss, dass die Wähler dies als Verrat ansehen würden. Aber hier ist es doch ziemlich wichtig, nicht außer Acht zu lassen, wann und in welchem Ausmaß diese Veränderungen stattfinden sollen und inwieweit die Partei sich ändern muß.

»Gericht, was ist das schon...«

Viele assoziieren den Begriff »starke Staatsmacht« mit Diktatur.

Mir gefällt eigentlich eine andere Formulierung besser – nicht starke, sondern effektive Staatsmacht.

Man kann sie nennen, wie man will. Aber wie wird diese Staatsmacht effektiv? Wie wird sie die Einhaltung der von ihr aufgestellten Regeln kontrollieren?

Die Gerichte müssen funktionieren, die Rechtsschutzorgane, die Schiedsgerichte. Die Rolle dieser Institutionen hat sich geändert, aber wir wollen das einfach nicht verstehen. Sie entsprechen heute dem, was im Gesetz geschrieben steht. Warum zahlen wir den Richtern und Mitarbeitern des Rechtsschutzsystems nicht einfach das Geld, das ihnen zusteht? Weil wir nach wie vor die sowjetische Ideologie verinnerlicht haben. Erinnern Sie sich, wie wir damals gedacht haben: Gericht, was ist das schon... Aber das Bezirkskomitee der Partei – ja, klar, da sind die Leute, die Entscheidungen treffen. Aber was hängt von Richtern schon ab? Was man ihnen sagt, das tun sie auch.

Die Leute glauben bis heute, dass die Richter nicht so wichtig sind; deshalb braucht man ihnen nicht mehr zu bezahlen als ein mittleres Beamtengehalt.

Oder die Notare beispielsweise. Wenn in Frankreich ein Notar sein Siegel auf ein Dokument drückt, ist das nicht einfach nur Gesetz, sondern eine unumstößliche Entscheidung. Und ein Notar darf keine Fehler machen, weil er sonst den Schaden ersetzen muss. Zwei Fehler und er ist ruiniert. Da er ein solches Risiko tragen muss, bekommt er dort ungeheuer viel Geld.

Unsere Gesellschaft muss verstehen, dass der Staat einer Minderheit, bestimmten Personengruppen wirklich gutes Geld zahlen muss, damit sie die Interessen der Mehrheit wahren. Wann werden wir denn das endlich alle verstehen?! Die Leute bei uns sind doch nicht dumm. Man hat ihnen nur einfach nichts anständig erklärt.

Zur Rolle der Richter wurde viel erklärt, und das bereits seit zehn Jahren! Aber weder die Richter bessern sich noch das Verhältnis zu ihnen. Wie soll man es denn noch erklären?

Ohne Beharrlichkeit und Ausdauer wird sich nichts ändern. Und sich das Gehalt der Richter nicht erhöhen.

»Eine moderne Auffassung«

Alle Ihre Ideen über effektive Staatsmacht und Regierbarkeit des Staates werden den Gouverneuren wohl kaum gefallen. Sie werden Angst haben, dass Sie ihre Selbstständigkeit beschneiden.

Ich glaube, dass sowohl die kommunale Selbstverwaltung als auch die Wählbarkeit der Gouverneure erhalten bleiben sollte. Aber alle diese Abhängigkeiten müssen besser untereinander ausbalanciert werden. Wird die Wählbarkeit der Gouverneure aufrechterhalten, dann glaube ich, muss auch über die Möglichkeit nachgedacht werden, ihnen Sanktionen aufzuerlegen, sie beispielsweise ihres Amtes zu entheben.

Das heißt, die einen wählen sie, aber abgesetzt werden sie von anderen.

Man kann auch andere Systeme für ihre Abhängigkeit vom Zentrum entwickeln. Eine völlige Unabhängigkeit kann es nicht geben.

Sie meinen: ein Kontrollsystem entwickeln?

Ein System zur Kontrolle und Einflussnahme. Für alle Subjekte der Russischen Föderation müssen gegenüber dem föderalen Zentrum gleiche wirtschaftliche Bedingungen gelten. Ich meine damit, dass bei uns eine Vielzahl verschiedener Abkommen über die Aufteilung von Befugnissen geschlossen wurde, aber einige Subjekte ungerechtfertigte Vergünstigungen haben, die andere nicht haben.

Zum Beispiel Tatarstan?

Zum Beispiel Tatarstan.

Es könnte sein, dass Schaimijew Ihnen kein Verständnis entgegenbringen wird.

Da täuschen Sie sich, er versteht mich. Ich habe dieses Problem neulich ganz allgemein mit ihm besprochen. Schaimijew hat mir im Großen und Ganzen zugestimmt.

Wir sind uns doch alle darüber im Klaren, was den gemeinsamen wirtschaftlichen und politischen Raum auffrisst. Und das zu ändern, ist eine unserer vorrangigsten Aufgaben.

Der nächste Schritt betrifft Wissenschaft und Bildung. Denn ohne moderne Manager, ohne eine moderne Auffassung dessen, was getan werden muss und wie es geschehen soll, ohne Menschen, die diese Auffassung umsetzen, ist es unmöglich, Ergebnisse zu erzielen.

Aber diese Menschen haben alle bereits das Land verlassen.

Nicht alle. Das Wichtigste ist uns bisher erhalten geblieben – die Grundlagenwissenschaft und die Bildung. Wenn wir das verlieren, können wir einpacken, das wäre das Ende.

»So viel Geld brauchen wir gar nicht«

Woher wollen Sie denn das ganze Geld dafür nehmen?

Wissen Sie, so viel Geld brauchen wir gar nicht. Das ist keine Frage der Finanzen. Das ist wieder dieselbe Verständnisfrage.

Na, wie viel würden Sie denn beispielsweise jungen Fachleuten bezahlen, unter Berücksichtigung des Verständnisses?

Sagen wir, im Westen zahlt man ihnen etwa fünftausend Dollar. Und wenn wir, mal angenommen, zweitausend Dollar bezahlen?

Oho!

Ja. Und alles in allem kann ich sagen, dass die überwiegende Mehrheit dann dableiben wird. In dem Umfeld zu leben, wo die eigene Muttersprache gesprochen wird, wo man Freunde, Verwandte, Bekannte hat, und im eigenen Land etwas mehr zu bekommen als andere – das ist sogar noch vorteilhafter.

Ganz so einfach ist das aber doch nicht. Die Gehälter der Richter, des Staatsapparates generell, der Armee wollen Sie erhöhen, für Bildung und

Wissenschaft wird Geld benötigt. Woher? Morgen beschließt die USA, ihre strategischen Ölreserven zu verkaufen, die Preise sinken und...

Geld ist da, es rinnt uns nur durch die Finger. Solange es keinen starken Staat gibt, werden wir nach wie vor von jemandes strategischem Vorrat abhängig sein.

»Korrekturen sind möglich«

Sie sind Jurist. Ist das Gesetz eine unverrückbare Sache?

Das Gesetz muss eingehalten werden, und wenn es rückständig ist, muss es geändert werden. Das ist ein Postulat der Rechtstheorie – das Gesetz erweist sich gegenüber der Praxis immer als rückständig.

Und wie steht es mit unserer Verfassung? Ist sie nicht rückständig?

In der Verfassung müssen die allgemeinsten Grundprinzipien festgehalten sein, deshalb lebt sie auch länger als ein gewöhnliches Gesetz. Das ist richtig, weil die Verfassung weit hinein in die Zukunft bestimmte Spielregeln für die Gesellschaft festlegt. Korrekturen sind aber möglich.

Müssen also beispielsweise Korrekturen in das Gesetzeskapitel über die Vollmachten des Präsidenten eingebracht werden? Sollen sie, sagen wir mal, eingeschränkt werden? Jetzt werden ja auch Korrekturen anderer Art vorgeschlagen – die Verlängerung der Amtszeit des Präsidenten auf sieben Jahre.

Ich weiß nicht, vielleicht reichen auch vier Jahre aus, um wirklich etwas zu bewirken, wenngleich vier Jahre ein kurzer Zeitraum sind. Die Spezialisten, mit denen wir arbeiten, bauen Aktionspläne immer ausgehend von vier Jahren auf. Erstes Jahr – Zielfestlegung und Zusammenstellung eines Teams, zweites und erste Hälfte des dritten Jahres – schrittweises Erzielen konkreter Ergebnisse, Ende des dritten und Anfang des vierten Jahres – Vorstellung dieser Ergebnisse und Einstieg in die nächste Wahlkampagne. Wird dieser Zyklus gestört, dann ist alles im Eimer, dann kann man überhaupt nichts mehr machen und auch den Vorbereitungszyklus für die nächsten Wahlen nicht einhalten.

Und wie steht es mit den Befugnissen des Präsidenten?

Ich schließe nicht aus, dass Korrekturen möglich sind. Man muss nur sehen, inwieweit das, was jetzt dort formuliert ist, den Interessen des Staates, der ganzen Gesellschaft entspricht. Wenn in dem Kapitel über die Befugnisse des Präsidenten unangemessene Rechte eingeräumt sind, so kann man über ihre Revision nachdenken. Ich meine, dass dies Gegenstand einer groß angelegten Diskussion sein sollte. Überhaupt wurde Russland von Anfang an als superzentralisierter Staat geschaffen. Das ist in seinem genetischen Code, in den Traditionen und der Mentalität der Menschen verankert.

»Ein Monarch kann über das Schicksal seines Volkes nachdenken«

Wenn Sie schon mit diesem historischen Ansatz an die Fragen herangehen – in den Traditionen Russlands ist auch die Monarchie verankert. Was ist denn heute damit, soll sie wiederhergestellt werden?

Das ist nicht sehr wahrscheinlich. Aber im Großen und Ganzen... zu bestimmten Zeiten... an bestimmten Orten... unter bestimmten Bedingungen... hat die Monarchie eine positive Rolle gespielt und tut dies bis heute. In Spanien beispielsweise. Ich denke, dass die Monarchie dort eine entscheidende Rolle bei der Abkehr des Landes vom Despotismus, vom Totalitarismus gespielt hat. Die Monarchie war offensichtlich die stabilisierende Kraft. Ein Monarch muss nicht darüber nachdenken, ob er gewählt wird oder nicht, er braucht nicht konjunkturelle Tendenzen genauestens abzuschätzen oder irgendwie auf die Wählerschaft einzuwirken. Er kann über das Schicksal seines Volkes nachdenken, ohne sich von Kleinigkeiten ablenken zu lassen.

Und über alles andere denkt der Premierminister nach.

Und die Regierung.

Aber in Russland ist das nicht möglich.

Wissen Sie, vieles scheint unmöglich und unerreichbar zu sein, und dann – rums! Wie es mit der Sowjetunion war. Wer hätte sich vorstellen können, dass sie einfach zusammenbricht! Sogar in den schlimmsten Fantasien hätte man das nicht vorhersehen können.

Waren Sie denn bei der Beisetzung der Überreste der Zarenfamilie in Petersburg?

Nein.

Was meinen Sie – ist es richtig, dass sie dort beigesetzt wurden?

Ich glaube, ja.

»Er hat einen wachen Verstand«

Muss der Staat Beziehungen zu Großunternehmen haben?

Auf jeden Fall, weil von den Großunternehmen viel abhängt. Aber diese Beziehungen müssen sich auf das entsprechende Gesetz, auf die allgemeinen Regeln gründen. Übrigens sind die Großunternehmen auch selbst daran interessiert, dass der Staat nicht Einzelne bevorzugt, sondern alle gleichberechtigt behandelt werden.

Das heißt, der Dialog mit Großunternehmern ist nicht ausgeschlossen?

Selbstverständlich nicht. Ich meine, dass der Staat sowohl den Arbeitern, deren Sprachrohr die Gewerkschaften sind, als auch den Vertretern der Großindustrie und den Unternehmerverbänden Gehör schenken muss. Davon, wie sie die Politik ihrer Firmen, ihrer Unternehmen gestalten, hängt vieles ab. Warum sollte ich so tun, als ob mir das gleichgültig wäre? Das ist falsch. Der Staat darf den Unternehmen keine Befehle erteilen. Das ist richtig.

Übrigens, was die Bevorzugung von Unternehmen angeht. Boris Beresowski hat in einem Interview gesagt, dass er sich ein Mal im Monat mit Ihnen trifft. Stimmt das?

Eher seltener.

Auf wessen Initiative hin?

Auf seine. Er hat einen wachen Verstand und viele Ideen. Sie hängen alle hauptsächlich mit dem Kaukasus zusammen – mit Tschetschenien, Karatschajewo-Tscherkessien. Er war doch immerhin Sekretär des Sicherheitsrates und hat sich mit diesen Dingen befasst.

Übrigens, meiner Ansicht nach waren seine Vorschläge in Bezug auf Tschetschenien realitätsfremd und nicht effektiv; deshalb wird nichts von dem, was er vorgeschlagen hat, umgesetzt. Aber ab und zu treffe ich mich nicht nur mit Beresowski, sondern auch mit anderen Geschäftsleuten, beispielsweise mit Awen, Potanin, Alekperow...

»Wir saßen lange zusammen und tranken Bier«

Ihre Frau sagte, dass Sie nicht gerne über Menschen sprechen, mit denen Sie zusammenarbeiten. Wir finden es aber interessant, über Leute zu reden. Über Boris Nikolajewitsch Jelzin zum Beispiel...

Wollen Sie, dass ich eine Bewertung über seine Rolle in der Geschichte abgebe?

Sie hatten doch mit ihm zu tun, auch persönlich.

Boris Nikolajewitsch und ich stehen uns nicht besonders nahe, wir arbeiten einfach nur gut zusammen. Er ist mir wohlgesonnen, und dafür bin ich ihm sehr dankbar. Im Alltag treffen wir uns praktisch nie.

Und Sie spielen auch nicht Tennis?

Nein, ich spiele nicht Tennis. Bis zu Jelzins Rücktritt fuhr ich auch nur mit geschäftlichen Angelegenheiten und Papieren zu ihm nach Hause. Darüber hinaus kann ich sagen, dass ich zum ersten Mal eine gewisse Herzlichkeit bei ihm spürte und auch verstand, was er fühlte, als er mit mir auf seinen Rücktritt zu sprechen kam.

Rufen Sie ihn an?

Ja. Wir sprechen jetzt häufiger miteinander als vor seinem Rücktritt. Damals wäre mir ja nie in den Sinn gekommen... Das heißt, es kam vor, dass ich den Hörer in die Hand nahm und einige Male anrief, aber nur wegen geschäftlicher Fragen. Jetzt ist unsere Beziehung eine andere geworden. Ich kann ihn einfach nur so anrufen und mit ihm reden.

Und vorbeifahren?

Ich fahre auch gelegentlich hin. Das letzte Mal war ich geschäftlich bei ihm, und da sagte Boris Nikolajewitsch: »Bleiben Sie doch bei uns zum Abendessen. Es gibt Sushi«. Wie sich herausstellte, hatte er irgendwann in einem Restaurant Sushi bestellt und es schmeckte ihm. Und so hatten seine Frau und seine Tochter beschlossen, für Boris Nikolajewitsch solch ein japanisches Abendessen zu Hause zu veranstalten. Natürlich blieb ich dort. Danach saßen wir noch lange zusammen, tranken Bier und unterhielten uns.

Und ruft Jelzin Sie an?

Er hat einige Male angerufen. Er wollte wissen, was im Kaukasus los ist. Dann fragte er irgendwann, wie es uns denn dort mit unseren Truppen ginge – ob mit ihnen alles in Ordnung sei. Anlässlich des GUS-Gipfels rief er an. Auf meine Initiative hin haben wir uns getroffen und besprochen, wie einige Punkte während der Zusammenkunft mit den Staatsoberhäuptern der GUS-Staaten vorzubringen seien. Außerdem erörterten wir Lösungen in Bezug auf die Führung der Gemeinschaft. Seine Erfahrung ist hier sehr hilfreich.

»Es sollen keine Unklarheiten entstehen«

Alle würden gern wissen, ob Sie mit Luschkow genauso hart kämpfen werden wie früher.

Genauso hart? Ich habe mit ihm überhaupt nicht gekämpft.

Dann anders: Werden Sie versuchen, ihn fertigzumachen oder mit ihm als ordentliches Mitglied des Föderationsrats arbeiten?

Selbstverständlich werde ich mit ihm zusammenarbeiten. Mehr noch, ich bin sogar bereit, mich auf ihn als Person, die Einfluss auf die Hauptstadt hat – die bedeutendste Region im Land –, zu stützen, aber nur unter der Bedingung, dass seine Handlungen auf die Stärkung des Staates ausgerichtet sind.

Und worauf zielten seine Handlungen bislang ab?

In erheblichem Maß auf die Befriedigung politischer Ambitionen. Wenn sich ein regionales Oberhaupt solche Ziele setzt, dann, glaube ich, zerstört dies das Land.

Übrigens habe ich den Eindruck, dass dies nicht wegen jemandes aggressiver Bestrebungen passiert ist, sondern infolge der Schwäche der zentralen Macht. Sobald die regionalen Oberhäupter spüren, dass die Zentralmacht stark und effektiv ist, werden sie auf das zurückkommen, was ihnen die Verfassung vorgeschreibt: Sie werden beginnen, sich mit ihren eigenen Angelegenheiten zu befassen.

Mit der Moskauer Ringstraße?

Ja. Mit der Ringstraße.

Es heißt, dort sei viel auf die Seite geschafft worden.

Wenn ich höre, dass jemand des Diebstahls oder ähnlicher Vergehen bezichtigt wird, dann möchte ich fragen: Haben wir noch eine Unschuldsvermutung? Niemand hat das Recht einen Menschen zu beschuldigen, wenn sein Vergehen nicht nachgewiesen ist.

Natürlich gibt es hier ein russische Besonderheit, das allen bekannt ist. Erinnern Sie sich noch, in der sowjetischen Zeit gab es einen Witz. Breschnew besucht Carter im Weißen Haus. Carter sagt: »Schau mal, die schöne Brücke da drüben?« – »Ja, ich sehe sie.« – »In die eine Richtung gehen fünf Fahrbahnen, in die andere fünf... Geplant waren in eine Richtung zehn und in die andere auch.« – »Und wo sind die nun?« – »Na, ist doch alles hier!« Und er zeigt auf die Innenausstattung im Weißen Haus.

Breschnew denkt: »Was soll's!« Wenig später kommt Carter nach Moskau. Breschnew sagt: »Siehst du die Moskwa?« – »Ja.« – »Und siehst du eine

Brücke?« – »Nein, ich sehe keine.« – »Weil alles hier ist!« – Und er zeigt auf die Innenausstattung im Kreml.

Natürlich, man kann annehmen, dass jemand beim Bau der Ringstraße abgesahnt hat, aber sie ist wenigstens da, diese Straße! Und man kann stolz darauf sein. Wenn jemand meint, dort sei etwas weggekommen, dann soll er das zunächst einmal beweisen.

Was glauben Sie, wie wird Luschkow sich Ihnen gegenüber verhalten?

Ich bin überzeugt, dass er konstruktiv sein wird. Ich glaube nicht, dass er irgendeine Gelegenheit haben wird, sich anders zu verhalten.

Auf was spielen Sie an?

Auf nichts. Wissen Sie, auf keinerlei Gewaltaktionen. Ich glaube, viele haben sich irgendwann gedacht, dass der Präsident als Zentrum der Macht nicht mehr existiert. Vorher haben sich diese Leute aber durchaus loyal verhalten. Ich werde einfach so handeln – selbstverständlich nur, wenn man mich dazu veranlaßt –, dass diesbezüglich keine Unklarheiten entstehen können.

»Tschubais hat einen schlechten Vertrauenskredit bei der Bevölkerung«

Der berühmteste Petersburger ist Anatoli Tschubais. Stehen Sie ihm nahe? Sie kennen ihn doch noch aus Petersburg?

Als ich zu Sobtschak kam, war Tschubais Stellvertretender Vorsitzender des Exekutivkomitees des Lensowjets. Unmittelbar hatte ich nie mit Tschubais zu tun, deshalb habe ich mich nicht näher mit ihm befasst.

Und als er sich die Privatisierungsschecks ausdachte, wie haben Sie da reagiert?

Überhaupt nicht.

Was haben Sie mit Ihrem Scheck gemacht?

Ich habe ihn zuerst verloren, dann wiedergefunden und irgendetwas Sinnloses dafür gekauft.

Als ich mich ungefähr ein Jahr vor der Privatisierung mit Wassili Leontjew, dem Nobelpreisträger, über dieses Thema unterhielt, sagte er zu mir: »Ihr könnt dieses Eigentum geben, wem ihr wollt, und trotzdem wird das alles nach zwei, drei Jahren in die richtigen Hände kommen. Ihr könnt es auch kostenlos verteilen.« Tschubais tat das dann auch. Ich glaube, er hatte genau diesen Ansatz, aber eigentlich müssen Sie ihn da selbst fragen.

Nach zwei bis drei Jahren also. Was meinen Sie, ist das unvermeidbar?

Ich kann nicht sagen, ob es vermeidbar ist oder nicht. Wichtig ist, dass es einem effektiven Eigentümer gehört.

Es ist doch bei unterschiedlichen Eigentümern gelandet.

Darum geht es ja.

Waren Sie nicht gekränkt, dass er – als er in der Administration des Präsidenten zu arbeiten begann – zuallererst das Ihnen versprochene Amt gestrichen hat?

Nein, das war ich nicht. Ich kenne seinen technokratischen Ansatz bei der Lösung von Problemen. Er beschloss, dass mit der alten Struktur die bevorstehenden Aufgaben der Administration nicht bewältigt werden konnten.

Nichts Persönliches?

Hier geht es nicht um Intrigen. Er ist ein Mensch, der sich nicht von seinen Gefühlen leiten lässt. Natürlich kann ich nicht behaupten, dass ich damals sehr erfreut darüber war, aber ich verspürte ihm gegenüber keinerlei Argwohn. Ehrlich gesagt, ich war nicht einmal besonders gekränkt.

Und wann hatten Sie regelmäßig Kontakt zu Tschubais?

Nie.

Aber es kommt vor, dass er Sie in Ihrer Datscha besucht?

Richtig, manchmal kommt er.

Haben Sie sich gewundert, als Tschubais die Operation in Tschetschenien unterstützt hat?

Ja.

Warum?

Ich dachte, er würde überwiegend in einer heilen Welt leben. Wie sich aber herausstellte, ist er durchaus Pragmatiker und in der Lage, die realen Dinge des Lebens zu erfassen, anstatt sich von kurzzeitigen Ideen leiten zu lassen.

Und als er gesagt hat, er würde Ihre Kandidatur bei den Präsidentschaftswahlen unterstützen?

Nein, darüber war ich nicht verwundert, denn er weiß sehr gut, dass ich kein Diktator bin und nicht vorhabe, die Wirtschaft des Landes zu verwalten und durch Direktiven zu steuern.

Tschubais ist übrigens ein sehr guter Verwalter. Ich habe beobachtet, wie er die Kommission für operative Angelegenheiten leitet oder wie er bei Regierungssitzungen arbeitet. Er kann das Wichtigste erfassen und dann – wie Wladimir Iljitsch Lenin immer sagte – die Kette von vorne aufziehen. Freilich ist er sehr halsstarrig, ein richtiger Bolschewik... ja, das ist eine gute Beschreibung für ihn. Leider hat er eine schlechte Kreditvergangenheit. Ich meine damit seinen Vertrauenskredit bei der Bevölkerung.

»Ich nehme es mit jedem auf«

Welchen großen Politiker finden Sie interessant?

Napoleon Bonaparte. (*lacht*)

Mal im Ernst?

De Gaulle wahrscheinlich. Erhard gefällt mir noch. Ein sehr pragmatischer Mensch. Er war es, der das neue Deutschland, das Nachkriegsdeutschland aufgebaut hat. Sein ganzes Konzept für den Wiederaufbau Deutschlands begann mit der Definition neuer moralischer Werte für die Gesellschaft. Das war nach dem Zusammenbruch der nationalsozialistischen Ideologie für Deutschland besonders wichtig.

Warum haben Sie vor den Wahlen alle Reisen ins Ausland abgesagt?

Rein formell deshalb, weil der Präsident und der Premierminister nicht gleichzeitig ins Ausland reisen dürfen. Und ich bin gleichzeitig Premier und amtierender Präsident.

Und abgesehen von den formellen Dingen? Haben

Sie befürchtet, dass man Sie wegen Tschetschenien angreifen würde?

Ich nehme es mit jedem auf. Man wollte sich mit uns wegen Tschetschenien einfach nicht besonders gern treffen, und wenn, dann nicht in der Art und Weise und nicht auf der Ebene, wie uns das gepasst hätte. Äußerten wir den Wunsch, dass alles so abläuft, wie wir das brauchen, meinte man: Ändern Sie Ihre Haltung gegenüber dem Kaukasus. Das hat uns noch weniger gepasst, weil der Preis dafür höher war als der für die besagte Auslandsreise.

Aber als sie noch ein »reisender« Premierminister waren, haben Sie sich mit Clinton in Neuseeland getroffen.

Ja. Er hat mir gefallen.

Warum?

Er ist ein sehr angenehmer Mensch. Ich meine, auch im Gespräch.

Ihre Sympathie beruht offensichtlich auf Gegenseitigkeit.

Er hat Sie kürzlich auch im Internet unterstützt.

Er zeigte sich auch damals bei unserem ersten Treffen sehr interessiert. Als wir in Neuseeland waren, kam er gegen Ende eines Mittag- oder Abendessens – ich erinnere mich nicht mehr genau – zu mir. Wir hatten ursprünglich an verschiedenen Tischen gesessen. Wir unterhielten uns über etwas, und dann sagte er: »Na, was ist, gehen wir?« Alle – die Oberhäupter der anderen Staaten und die Gäste – standen auf und bildeten ein Spalier, durch das er und ich demonstrativ gemeinsam hindurchgingen. Wir verließen den Saal unter Applaus. Ich wertete dies als Zeichen besonderer Aufmerksamkeit. Kann sein, dass er mich gerade deshalb beeindruckt hat. Das war jetzt ein Scherz. Im Gespräch macht er wirklich den Eindruck eines aufrichtigen, offenen und angenehmen Menschen – das ist sehr wichtig.

Er hat einen natürlichen Charme.

Wahrscheinlich. Wenn einem diese Ausstrahlung fehlt, ist es sehr schwer, sich das anzueignen. Ich weiß das gut.

Mit wem haben Sie sich denn noch persönlich getroffen?

Mit Kohl, Thatcher. Und mit Major.

War das noch zu Ihrer Petersburger Zeit?

Ja.

Haben Sie mit Kohl Deutsch gesprochen?

Er traf sich mit Sobtschak. Sie redeten ungefähr dreißig Minuten lang. Ich habe gedolmetscht. Das Gespräch war wirklich absolut allgemeiner Art, ohne besonderes Thema. Beim Mittagessen. Kohl schlug damals vor: »Lassen Sie uns jetzt nichts Wichtiges besprechen. Kommen Sie doch in zwei Wochen nach Bonn, und dann reden wir über alles.«

Sobtschak ging auf diesen Vorschlag ein und nahm mich mit. Es war eine Geschäftsreise. Wissen Sie, was mich ganz besonders beeindruckt hat? Ich hätte nicht geglaubt, dass einer der wichtigsten politischen Vertreter Europas so gute und profunde Kenntnisse über Russland haben würde. Ich war wirklich verblüfft.

Ich kann sicher nicht mehr alles wiedergeben, was er sagte, aber ich erinnere mich an meine Eindrücke. Er kennt sowohl die Geschichte unseres Landes als auch unser heutiges Leben sehr gut. Er versteht das Wesentliche der stattfindenden Ereignisse. Für mich war es besonders angenehm, als er sagte, dass er sich ein Europa ohne Russland nicht vorstellen könne. Er fügte hinzu, dass die Deutschen nicht nur am russischen Markt interessiert seien, sondern auch daran, dass Russland ein würdiger Partner wird.

Das hätten aber auch nur die obligatorischen Höflichkeiten sein können.

Nein, ich hatte nicht den Eindruck. Diese Worte waren nicht fürs Protokoll. Ich bin der Überzeugung, dass er wirklich so denkt.

Ein so starker Politiker und ein solcher Skandal nach seinem Abschied als Bundeskanzler! Eigenartig.

Das ist überhaupt nicht eigenartig. Wie der Politiker, so auch der Skandal. In Wirklichkeit ist die CDU geschwächt, und jetzt gibt man ihr den Rest. Jetzt sieht man, dass auch die Parteispitze Fehler gemacht hat. Sechzehn Jahre Regierung unter ein und demselben Führungspolitiker, auch einem so starken Mann wie Kohl – das wird jedem Volk zuviel, sogar wenn es so stabil ist wie Deutschland. Das hätte die Bevölkerung rechtzeitig erkennen müssen.

»Ich habe Borodin nicht ernannt«

Sie sind in den Kreml gekommen, der in der letzten Zeit dauernd mit irgendwelchen Skandalen in Verbindung gebracht wird: Borodin und »Mabetex«, das Geld der »Familie«... Sie schweigen, und das wird damit erklärt, dass die »Familie« Sie

nach oben gebracht hat und Sie jetzt aus Dankbarkeit all diese Vorwürfe vertuschen.

Ich hatte nie irgendwelche besonderen Beziehungen zu den Leuten, die eng mit dem Präsidenten zusammenarbeiteten. Und einem Menschen, den man kaum kennt, eine so verantwortungsvolle Angelegenheit – etwas »zu vertuschen« – anzuvertrauen, das ist sehr riskant.

Offensichtlich doch nicht so riskant, wenn Sie Borodin zum Staatssekretär von Belarus und Russland ernannt haben.

Ich habe Borodin nicht ernannt. Ich habe ihn vorgeschlagen. Und er ist gewählt worden.

Dabei zieht er einen ganzen Rattenschwanz skandalöser Anschuldigungen nach sich. Meinen Sie nicht, man hätte dies zunächst aufklären müssen und erst danach Borodin für ein Amt vorschlagen sollen?

Ich meine das, was im Gesetz steht. Es gibt eine goldene Regel, ein grundlegendes Prinzip für jedes demokratische System, und das heißt: Unschuldsvermutung.

»Es gab ein Treffen zu viert«

Im Fall Skuratows wurde gerichtlich auch nichts nachgewiesen, was jedoch kein Hinderungsgrund war, ihn zu entlassen.

Skuratows Amtsenthebung erfolgte im vollen Einklang mit dem Gesetz, das besagt, dass ein Generalstaatsanwalt während des Untersuchungszeitraums im Zusammenhang mit einem gegen ihn eingeleiteten Verfahren seines Amtes zu entheben ist. Was auch geschah.

Würden Sie zulassen, dass er in sein Amt zurückkehrt, wenn die Untersuchung ergebnislos endet?

Theoretisch ja. Hier ist aber nicht nur der strafrechtliche Aspekt in Betracht zu ziehen, sondern auch der moralische. Meine Meinung ist hinsichtlich dieses moralischen Aspektes eindeutig. Ich bin mir absolut sicher. Wir haben über dieses Thema gesprochen.

Aber warum hat er dann erneut abgelehnt?

Weil er nicht kompromittiert werden wollte, das ist alles.

In einer Zeitung stand, dass Skuratow das zweite Rücktrittsgesuch schrieb, nachdem Sie sich persönlich mit ihm befasst hatten.

Und nach einer solchen Behandlung könnten einem die Keller der Lubjanka als Ort des Glücks erscheinen.

Das ist doch alles Quatsch.

Wie war es dann?

Es gab ein Treffen zu viert. Boris Nikolajewitsch, Premierminister Primakow, ich – damals noch Direktor des FSB – und Skuratow.

Boris Nikolajewitsch nahm eine Kassette und Fotos, die aus einer Videoaufzeichnung stammten, und legte sie einfach auf den Tisch. Dann sagte er: »Ich denke, dass Sie nicht als Generalstaatsanwalt weiterarbeiten können.«

Primakow stimmte dem auch zu: »Ja, Juri Iljitsch, ich glaube, Sie sollten ein Rücktrittsgesuch schreiben.«

Juri Iljitsch dachte kurz nach, nahm ein Blatt Papier und schrieb, dass er zurücktritt.

Was hätten Sie in einer solchen Situation getan?

Wenn ich der Ansicht gewesen wäre, dass dies mit der Erfüllung meiner dienstlichen Verpflichtungen unvereinbar ist, wäre ich selbstverständlich gegangen. Ich bin überzeugt, dass das Amt des Generalstaatsanwalts mit einem derartigen Skandal unvereinbar ist.

Und das Amt des Premiers?

Des Premiers? Eigenartigerweise weniger. Staatsanwalt – das ist etwas anderes. Der Staatsanwalt muss ein Vorbild an Moral und Sittlichkeit sein, denn er ist es doch, der darauf achtet, dass die Gesetze von allen Bürgern eingehalten werden – vom Premier, vom Präsidenten und von allen.

Noch eine Frage im Zusammenhang mit den Hauptakteurinnen dieser Geschichte. Soll die Prostitution bekämpft werden?

Ja, aber mit sozialwirtschaftlichen Mitteln.

Was heißt das?

Wichtig ist, dass die Menschen normal leben können. Nach dem Zweiten Weltkrieg blühte die Prostitution in Westeuropa auf, weil die Bevölkerung dort arm war. Sprechen Sie mit Veteranen des Großen Vaterländischen Krieges – sie werden Ihnen erzählen, dass sich Frauen damals für ein Stück Brot verkauft haben. Und auch heute sind Armut und Ausweglosigkeit die Ursachen. Wenn ein normales Leben möglich ist, wenn die Wirtschaft sich entwickelt, der Lebensstandard hoch ist...

Aber Deutschland hat doch beispielsweise einen hohen Lebensstandard. Trotzdem gibt es überall Prostitution, und sie ist sogar gesetzlich erlaubt.

In den dortigen Bordellen sind doch nur Ausländerinnen, Deutsche gibt es dort überhaupt nicht.

Woher wissen Sie das?

Man hat es mir erzählt. Solche Leute wie Sie... Freiberufler.

Na gut, dann eben keine Deutschen, aber Prostitution gibt es trotzdem.

Ja, Prostitution gibt es. Ich spreche jetzt nur über die Nationalität der Vertreterinnen dieses Gewerbes. Sie sind alle bekannt. Und Deutsche gehören nicht dazu, weil der Lebensstandard in diesem Land sehr hoch ist.

Sind Sie denn für oder gegen die Legalisierung dieses Gewerbes?

Ich glaube nicht, dass Prostitution legalisiert zu werden braucht. Man muss sie mit sozialwirtschaftlichen Mitteln bekämpfen. Dann möchte das niemand mehr machen. Sind Sie denn für eine Legalisierung?

In den Freudenhäusern gibt es immerhin Ärzte... Und den Mädchen wird nicht das Fell abgezogen, sie werden nicht ausgenützt.

Sie haben ein gutes Herz.

»Mit wem ich auf gleicher Wellenlänge bin«

Auf wessen Vorschläge hören Sie, von wem lassen Sie sich etwas sagen? Sie haben erzählt, dass Ihre Spezialisten für das erste Jahr die Bildung eines Teams vorsehen. Wer ist in Ihrem Team? Wem vertrauen Sie?

Wem ich vertraue? Sergei Iwanow, dem Sekretär des Sicherheitsrates.

Kennen Sie einander schon lange?

Ja, schon lange, aber nicht besonders gut. Er hat anfangs in der Leningrader Verwaltung des KGB gearbeitet. Ich wusste damals nur, dass es ihn gab. Dann ging er nach Moskau und blieb auch dort. Er war auf längeren Dienstreisen im Ausland, jeweils für ein paar Jahre.

Wir hatten viele gemeinsame Freunde. Ich hörte von verschiedenen Seiten Positives über ihn. Er spricht mehrere Sprachen: Englisch, Schwedisch und Finnisch, glaube ich. Ich denke, er ist auf dem vollkommen richtigen Platz. Vor kurzem ist er aus den Staaten zurückgekehrt, wo er sehr gut gearbeitet hat. Er traf sich mit Clinton, Albright, Berger. Ich bin zufrieden mit seiner Arbeit.

Aber Sie kennen bisher niemanden so gut, dass Sie mit ihm Pferde stehlen könnten.

Freilich ist es besser, wenn man die Möglichkeit hat, sich von den Leuten direkt zu überzeugen. Aber ich denke, dass es so etwas wie eine »gleiche Wellenlänge« gibt. Mit Iwanow bin ich auf gleicher Wellenlänge. Mit Nikolai Patruschew und mit Dima Medwedew auch.

Medwedew war der Leiter des Wahlkampfes. Er ist doch auch aus Petersburg?

Er arbeitete am Lehrstuhl für Zivilrecht der Leningrader Universität, ist Doktor der Rechtswissenschaften und ein guter Experte. Während meiner Arbeit mit Sobtschak brauchte ich dort, in der Stadtverwaltung, Leute. Ich bat die juristische Fakultät um Hilfe, und sie schlugen mir Dima vor. Als ich Stellvertretender Bürgermeister war, wurde er für eineinhalb Jahre mein Berater. Und dann, nach diesen missglückten Wahlen, verließ er natürlich nach einiger Zeit die Stadtverwaltung und ging zurück an die Universität.

Haben Sie ihn kürzlich erst nach Moskau geholt?

Das ist noch gar nicht lange her, es war in diesem Jahr. Eigentlich hatte ich in Bezug auf Dima eine ganz andere Idee. Ich wollte, dass er die Föderale Kommission für Wertpapiere leitet. Er ist Fachmann für den Wertpapiermarkt. Ihm gefällt es offensichtlich, in unserem Team zu arbeiten, aber wo genau – das werden wir noch sehen.

Wer noch?

Ich vertraue Alexei Kudrin. Er ist jetzt Erster Stellvertretender Finanzminister. Ich halte ihn für einen anständigen und professionellen Burschen. Wir haben zusammen bei Sobtschak gearbeitet, wir waren beide seine Stellvertreter. Und in den Jahren, die ich mit ihm zusammengearbeitet habe, habe ich ihn sehr gut kennengelernt.

Und woher kam Igor Setschin?

Setschin hat auch bei uns in Petersburg gearbeitet, in der Protokollabteilung. Er ist von seiner Ausbildung her Philologe. Er spricht Portugiesisch, Französisch und Spanisch. Er hat im Ausland – in Mosambik und Angola – gearbeitet.

Hat er auch gekämpft?

Das hat er sicherlich. Dann bewarb er sich beim Exekutivkomitee des Lensowjets. Als ich Stellvertretender Bürgermeister wurde und meinen Apparat aufbaute, sah ich mir viele Leute an, und Setschin gefiel mir. Ich schlug ihm vor, bei mir zu arbeiten. Das war 1992 bis 1993. Als ich dann beruflich nach Moskau wechselte, wollte er mitkommen. Ich nahm ihn mit.

»Diese Dinge sind schwer zu begreifen«

Und was wird mit der alten Garde im Kreml – der Kamarilla? Alle sagen: Wartet nur ab, jetzt gewinnt Putin die Wahlen und dann schaut er, dass er sie los wird. Bestenfalls entlässt er sie.

Wissen Sie, das gerade ist die Logik von Menschen mit totalitärem Denken. Denn so müsste ein Mensch handeln, wenn er sein ganzes Leben lang diesen Platz einnehmen wollte. Aber das will ich nicht.

Auf einige Persönlichkeiten ist die Allgemeinheit aber nicht gut zu sprechen. Wir nannten bereits Pawel Borodin. Dann ist da noch der Chef der Administration des Präsidenten, Alexandr Woloschin. In der Öffentlichkeit unbeliebt.

Woloschin ist nicht nur in der Öffentlichkeit unbeliebt, sondern auch bei einem Teil des Establishments. In Bezug auf die Gruppen und Clans, die sich untereinander bekämpft haben, ist ein Negativbild entstanden. Und Woloschin hat etwas davon abbekommen. Übrigens ist mit unlauteren Mitteln gekämpft worden. Ich glaube nicht, dass dies ein Grund ist, jemanden zu entlassen. Heute ist mir Woloschin mehr als recht. Die Arbeit, mit der er sich befasst, ist ziemlich diffizil. Ich habe mit ihm darüber gesprochen, durch wen man ihn ersetzen könnte, und wir kamen auf Dima Medwedew. Woloschin sagte selbst: »Dima soll ruhig erst einmal den Posten des Stellvertreters übernehmen, dann wird er vielleicht hineinwachsen und kommt möglicherweise für meine Ablösung in Betracht.« Jetzt Vermutungen darüber anzustellen, ist sinnlos.

Aber es ist doch trotzdem sinnvoll, auf die Vorwürfe zu antworten, die die Öffentlichkeit gegenüber den Entscheidungsträgern im Kreml, dem Umfeld des ehemaligen Präsidenten, geäußert hat.

Ich selbst arbeite schon lange für den Staat. Gehöre ich nun zum Umfeld oder nicht? Diese Dinge sind schwer zu greifen. Wichtiger ist doch eigentlich der Mensch mit seinen Kenntnissen, beruflichen Möglichkeiten und Fähigkeiten. Bei der Entscheidung, ob ein Mensch für den Posten, den er innehat, geeignet ist oder nicht, werde ich mich von meinen Vorstellungen leiten lassen. Denn das ist am wichtigsten.

Der amtierende Präsident

Sie sind davon ausgegangen, dass Sie für den Krieg möglicherweise Ihre Karriere opfern würden – stattdessen wurden Sie amtierender Präsident.

Wahrscheinlich deshalb, weil ich nie Präsident sein wollte.

Und als Jelzin sagte, dass er vorzeitig gehen will, haben Sie da nicht gesagt: »Das ist doch nicht Ihr Ernst, Boris Nikolajewitsch!?«

Nein, ich habe nicht versucht, ihm das auszureden. Andererseits war ich auch nicht begeistert und begann nicht mit Dankesbekundungen oder Beteuerungen, dass ich sein Vertrauen nicht enttäuschen würde. Meine erste Reaktion war: Ich bin noch nicht soweit...

Als ich zum Premier ernannt wurde, war das interessant, ehrenvoll. Ich dachte mir: Na, jetzt arbeite ich auf diesem Posten mal ein Jahr, das ist auch gut. Und wenn ich dabei helfen kann, Russland vor dem Zerfall zu retten, dann kann ich darauf stolz sein. Das ist ein ganzer Lebensabschnitt. Und weiter...

Zwei, drei Wochen vor dem Jahreswechsel bat mich Boris Nikolajewitsch in sein Arbeitszimmer und sagte, dass er beschlossen habe, zu gehen. Somit müsste ich amtierender Präsident werden. Er schaute mich an, wartete, was ich sagte.

Ich saß da und schwieg. Er holte weiter aus und erzählte, dass er noch in diesem Jahr seinen Rücktritt bekanntgeben wolle... Als er geendet hatte, sagte ich:

»Wissen Sie, Boris Nikolajewitsch, ich weiß offen gesagt nicht, ob ich bereit bin, ob ich es werden möchte, denn es ist ein ziemlich hartes Los.« Ich war mir nicht sicher, ob ich ein solches Leben wirklich wollte... Da antwortete er: »Als ich hierher kam, hatte ich auch andere Pläne. Aber bei mir hat es sich eben so ergeben. Ich habe das Präsidentenamt auch nicht angestrebt, aber dann kam es so, dass ich aus vielen Gründen sogar darum kämpfte. Auch Ihr Schicksal wird, glaube ich, darin bestehen, dass Sie sich entscheiden müssen. Und wir haben ein riesengroßes Land. Sie werden es schon schaffen.«

Er wurde nachdenklich. Klar, dass es ihm nicht leichtfiel. Das Gespräch war insgesamt traurig. Ich hatte meine Ernennung zu seinem Nachfolger nicht besonders ernst genommen, und als Boris Nikolajewitsch mir dann seinen Entschluss mitteilte, war ich einfach nicht ganz darauf vorbereitet.

Irgendetwas musste ich antworten. Die Frage stand doch im Raum: ja oder nein? Wir sprachen über etwas anderes, und ich dachte schon, die Antwort fällt jetzt unter den Tisch, aber Boris Nikolajewitsch sah mich direkt an und mahnte: »Sie haben meine Frage nicht beantwortet.«

Einerseits hat man seine eigenen, persönlichen Argumente. Aber es gibt auch eine andere Logik. Wenn das Schicksal eben die Wendung nimmt, dass man im Land und für das Land auf höchster Ebene arbeiten kann, dann wäre es dumm zu sagen: nein, ich will lieber Saatgut verkaufen – oder nein, ich werde eine Kanzlei eröffnen. Damit kann man sich letztendlich auch noch nachher befassen. Zuerst hier arbeiten, dann dort.

Katja

Ich war ganz aus dem Häuschen, als ich hörte, dass Papa amtierender Präsident geworden ist. Als Mama das sagte, dachte ich, dass sie Witze macht. Dann begriff ich, dass sie solche Witze bestimmt nicht machen würde. Danach klingelte ständig das Telefon, alle gratulierten. Unsere Mitschüler und sogar die Frau des Schuldirektors. Sie ist unsere Englischlehrerin. Um Mitternacht machten wir den Fernseher an und sahen, wie Papa den Leuten zu Neujahr gratulierte. Das hat mir gefallen. Er war so ernst... oder ruhig. Eigentlich wie immer. Der Papa halt. Einerseits möchte ich, dass er Präsident wird, andererseits auch wieder nicht.

Mascha

Und ich möchte einerseits nicht, dass er Präsident wird, aber andererseits schon. Noch am selben Tag hörten wir uns Boris Nikolajewitsch an. Ich hatte einen Kloß im Hals. Wissen Sie, das tat nicht weh wie bei einer Erkältung, sondern anders. Was er sagte, ging mir nahe.

Ljudmila Putina

Ich erfuhr am 31. gegen ein Uhr mittags vom Rücktritt Boris Nikolajewitschs. Eine Freundin rief mich an und sagte: »Hast du schon gehört?« Ich fragte: »Was ist los?« Und dann erzählte sie es mir. Ich weinte den ganzen Tag. Weil mir klar wurde, dass unser Privatleben damit vorbei war – mindestens für die drei Monate bis zu den Präsidentschaftswahlen oder für ganze vier Jahre.

Wollen Sie nun Präsident sein oder nicht?

Nachdem ich meine Arbeit als amtierender Präsident begonnen hatte, empfand ich... Befriedigung... vielleicht ist das nicht das passende Wort... darüber, dass man selbstständig Entscheidungen trifft, aus dem Bewusstsein heraus, dass man die letzte Instanz ist, was bedeutet, dass vieles von einem selbst abhängt. Und die Verantwortung hat man auch. Ja. Es ist ein angenehmes Gefühl der Verantwortung.

Ich habe einige Prinzipien. Eines davon ist, nichts zu bedauern. Mit den Jahren bin ich zu dem Schluss gekommen, dass das auch richtig ist. Sobald man etwas bedauert, zurückschaut, wird man träge. Man muss immer an die Zukunft denken und nach vorne blicken. Natürlich ist es auch wichtig zu analysieren, denn irgendwann in der Vergangenheit können ja Fehler passiert sein. Analysen sind aber nur für Kurskorrekturen des eigenen Lebensweges erforderlich.

Gefällt Ihnen ein solches Leben?

Man muss seine Befriedigung aus dem Leben selbst ziehen. Jede Sekunde unseres Lebens ist wichtig, und ist sie einmal vergangen, können wir sie nie wieder zurückholen.

Sie haben das so ernst gesagt, als ob Sie niemals leichtsinnig Dummheiten gemacht oder Ihre Zeit mit Nichtigkeiten vertan hätten.

Doch, sowohl das eine als auch das andere.

Zum Beispiel?

Wenn Sie es hören wollen. Ich fuhr einmal mit dem Cheftrainer vom *Trud* zu einem Trainingslager bei Leningrad. Damals studierte ich noch an der Universität. Ein Heuwagen kam uns entgegen. Mein Fenster war offen und das Heu roch so gut. Als ich an einer

Kurve auf gleicher Höhe mit dem Lastwagen war, lehnte ich mich aus dem Fenster, um etwas von dem Heu zu packen. Die Wagen gerieten seitlich aneinander... Zack! – es riss mir das Lenkrad aus der Hand – ich wurde zum Hinterrad des Lastwagens gezogen. Ich riss das Steuer herum. Der arme *Saporoschez* kippte und balancierte auf zwei Räder. Ich verlor völlig die Kontrolle über das Fahrzeug. Eigentlich hätten wir ja im Straßengraben landen müssen, aber zum Glück fiel das Auto wieder zurück auf seine vier Räder.

Mein Trainer saß wie versteinert neben mir und sagte kein Wort. Als wir im Hotel angelangt waren, stieg er aus dem Auto aus, sah mich an und sagte: »Das ist aber ganz schön riskant, was du da machst...« und ging ohne weiteren Kommentar weg. Solch völlig unerklärliches Verhalten gibt es. Was hatte mich bloß zu diesem Lastwagen hingezogen? Wahrscheinlich das duftende Heu.